変化をもたらすリーダーは何をしているのか?

園部浩司

フォレスト出版

はじめに

変化をもたらすリーダーの三つのキーポイント

おそらく本書を開いているあなたは、新米リーダーか、チームや組織をより良い方向へ導きたいと試行錯誤している、勉強熱心なマネージャーではないかと思います。

そこで、突然ですが、あなたに質問です。

◎プロジェクトにメンバーをアサインするとき、相手に対して、「期待している」こと、「ぜひ参加してほしい」ことを、丁寧に熱量を持って説明していますか？

◎プロジェクト発足時、メンバー同士の信頼関係が高まるよう、丁寧なキックオフを開催していますか？

◎仕事を依頼するとき、その人に合わせたレベルで、丁寧に説明していますか？
◎プロジェクトが完了したとき、しっかり丁寧に感謝を伝えていますか？

また、これらの質問と共に、「メンバーを説得しようとしていませんか？　メンバーには、説得ではなく、納得（腹落ち）してもらうのがリーダーの仕事・役割ですよ」ともお伝えしています。

私は、人材育成・業務改革・風土改革コンサルタント、講師として、企業での研修やコンサル、実際にチームに参加しての伴走などを行っていますが、そのなかで、これらの話や質問をよくしています。

すると、新米リーダーに限らず、多くの方から「めちゃくちゃ響きました！」という声をよくいただきます。

あなたも、「自分の上司はメンバーの納得度を高める意識がないな」など、これまでに経験し、感じたことがあるのではないでしょうか。

この二つ、「丁寧さ」と「納得度」は、私が考えるメンバーやチーム、組織に変化をもたらすために必要な条件の、大切な構成要素でもあります。

あなたは、「チームやメンバーに変化を起こしたい」「現状を変えたいがどうすれば」と悩んでいるかもしれませんね。今は、より短い時間、より少ない人員で、これまで以上の成果を上げることが求められ、リーダーやマネージャーは苦しい思いをしているのではないでしょうか。

だからといって、リーダーのポジションパワーという力技で、無理やり人を動かそうとしても、より良い変化は起こせませんよね。もう世の中全体が、既にそれを許さない〝空気〟になっています。

ムリやり力を加えれば、必ずそこに歪みが発生します。

だからこそ必要なのは、**チームメンバー一人ひとりが、自ら「自分を変えたい」「チームをもっと良くしたい」「皆のために貢献したい」と思ってくれること**です。

ここで少し、私自身のことについて、お話ししましょう。

実は、私自身が、意図しないうちに〝ポジションパワー〟や〝ムリな力〟を加えてしまったことによって、大変な失敗をしたことがあるのです。

私は1991年、NECグループのNECマネジメントパートナー株式会社に入社しました。経理部からスタートし、その後、事業計画部に異動。36歳の時に最年少でマネージャーに昇進しました。

その後、やはり最年少で部長に昇進。そして、新たな人生の目標に向かって2016年、45歳で会社を辞めて独立起業しています。

会社員時代は部署の管理職だけでなく、さまざまなプロジェクトのリーダーも数多く経験し、実績を上げてきました。

しかし、最初から理想のリーダーになれたわけではありませんでした。

36歳当時の最年少マネージャーへの昇進は、プレイヤーとしての実績が認められてこそでしたから、マネージャーになってもうまくやれるという自信に満ちていました。

ですから就任初日は、プレイヤー時代に経験し、そこから体得したことを駆使して、完璧なチームプランを練り、メンバーには、緻密な指示を出したことをよく覚えています。

そして、メンバーがその指示通りに動いてくれれば、難なく目標を達成！　となるはずでした。しかし、現実は大きく違っていました。

日に日に、メンバーから元気がなくなり、一つの大きな軋轢も生みました。チームマネジメントは、大きく失敗したのです。

詳細は本文に譲りますが、私はその失敗から復活を遂げるため、たくさんの試行錯誤を重ね、心ある人からの温かいサポートも受けました。

そうして3年の時をかけ、メンバー、チーム、そして私自身に**〝変化をもたらすリーダーのキーポイント〟**にたどり着いたのです。

それが、次の三つです。

① 話しかけやすい、相談しやすいリーダーを常に意識する

② メンバーに自己決定感を持ってもらう

③ メンバーの認識を丁寧に揃える

本書では、どのようにこの三つにたどり着いたのか。これを実現するためには、具体的に何をすればいいのか。リーダーとして、どう在ればいいのかについてお伝えします。

　この三つのキーポイントによって、どう考え、どう動けばいいのかわからず力を発揮できていなかったメンバー、自信がなく仕事に積極的になれなかった部下、話をなかなか受け入れてくれない年上の後輩などが、みるみる変わっていく姿を目の当たりにしてきました。

　迷いや不安がなくなり、いきいきとモチベーション高く仕事に取り組み、達成感を味わいながら働く。そして、その仕事が、またメンバーやリーダー自身の指揮も上げていく。そんな好循環が生まれるのが、この三つのキーポイントの効果です。

　メンバー、チームが変わっていく様が見えると、それを仕掛けたリーダー自身も、マネジメントが楽しくなります。

　本書を手に取ってくださったあなたにも、ぜひそれを体感していただきたいと願っています。

園部牧場株式会社　園部浩司

第1章　変化をもたらすリーダーは「失敗」と「他人」から学ぶ

第2章 変化できるチーム、変化をもたらすリーダーの在り方とは？

第3章 変化をもたらすリーダーは、チームの「空気」を重視する

第4章 チームの「空気」を一瞬で変えるリーダーのひと言

カバーデザイン 小口翔平＋嵩あかり（tobufune）
本文デザイン・図表 二神さやか
ＤＴＰ 一企画
著者エージェント アップルシード・エージェンシー
編集協力 成田真理
企画・編集 時奈津子

第1章

変化をもたらすリーダーは「失敗」と「他人」から学ぶ

最初に私から質問させてください

第1章ではまず、私自身の失敗談をもとに、新米リーダーがどのような失敗に陥りやすいか、そこから何を学べるのかをお伝えします。

しかし、その話に入る前に、私から一つ質問をさせてください。

あなたは今、どのようなリーダーになりたいと思っていますか？

あなたがリーダーとして大切にしていることは何ですか？

この質問をするのには、次のような背景があります。

私は、さまざまな企業の依頼を受けて、リーダー研修や、リーダーを目指す人のためのワークショップを実施してきました。

そうした研修やワークショップをはじめる前に、参加者のみなさんに先ほどの質問をよく投げかけます。

そして、答えを書き出してもらうのですが、スラスラ書ける人はほとんどいません。

その後、参加者の皆さんに、研修やワークショップのプログラムを受けていただいて、最後に、また同じ質問をします。

すると、一人ひとりの参加者が、それぞれの答えをスラスラと書けるようになるのです。そして、「自分のリーダー像が見えました！」と満足そうに帰っていきます。

研修でもワークショップでも、「リーダーになるならこれをやればいい」といったノウハウだけを教えるわけではありません。

同様に本書でも、「リーダーになるならここに書かれたことを実践してください」とは、あまりお伝えしていません。

「自分はこういうリーダーになりたい」という**自分なりのリーダーの在り方と軸が見つかるヒント**をお伝えしています。

ですからあなたも、この本を読んで、自分のリーダー像が描けるようになったらいいと私は考えています。そのことを念頭に置いて、この本を読みはじめることを最初にお勧めしておきます。

それではまず、「新米リーダーが陥りやすい失敗」からはじめてみましょう。

新米リーダーが陥りやすい失敗とは？

初めてリーダー、マネージャーのポジションに就いた人の多くは、きっと「これから自分の部署やチームをマネジメントしていくのが自分の役割だ」と意欲を燃やしているのではないかと思います。

きっとこのポジションに就く前には、メンバーとしてさまざまな経験を積んできたと思いますし、成果も出してきているでしょう。

だからこそ、リーダーを務めるにあたって、自信も持っているでしょう。

ところが、実際にリーダーとして仕事をはじめてみると、メンバーが生き生き仕事をしていないし、思うような成果も上がらない……。そんなことが起こるとしたら、どこに原因があるのでしょうか。

そこで、新米リーダーが陥りがちな事例をリストアップしてみましょう。

□リーダーのイライラを周囲に感じさせてしまう
□できないメンバーを一方的に叱りつけてしまう
□結果を急ぎすぎて焦ってしまう
□成果を数字でしかとらえられず、数字以外に意識を向けることを忘れてしまう
□上司を敵にまわしてしまう
□仕事を抱え込み、一人で頑張りすぎてしまう
□自分の弱みを認められない
□メンバーの仕事とリーダーの仕事の違いがわかっていない
□仕事をメンバーに任せることができない
□メンバーや部下の話をどのように引き出せばいいのかわからない
□メンバーの本音がわからない

□信頼関係をどのように構築すればいいのかわからない
□メンバーの強みがわからず、うまく引き出してあげることができない
□適切な指示の仕方がわからないため、部下が思うように動いてくれない

いかがですか？　目を通してみて、当てはまることはありませんでしたか？

これから私自身の失敗談も交えながら、何がいけないのか、いけないとしたら代わりにどうしたらいいのかをお話ししていきます。

先ほどの「チームをダメにしてしまうリーダー」リストのすべての項目が、かつての私に当てはまっていたわけではありません。

しかし、タイプは私とは違うのに、私と同じような失敗に陥りやすいという点では共通している項目もあります。

それを、私のいくつかの失敗談の冒頭に示しておくのでご参照ください。

私の仕事観を変えた新米マネージャー体験

はじめにでも、少しご紹介しましたが、私がマネージャーに昇進したのは36歳の時でした。

それまでは同じ部署でメンバーから主任への昇格を経験し、そのままその上のマネージャーのポジションに就きました。

同じ時期に組織変更があり、二つの部署が統合されて、多少メンバーが増えたという事情はあったものの、上長である部長との関係は良好でしたし、メンバーもほとんどが顔見知りというチーム編成でした。

入社してから、マネージャーになることは、私にとって一つの目標だったこともあり、自信を持ってマネージャー職をスタートしました。

しかし、その後半年くらいで、私は自分の失敗に気づき、方向転換を余儀なくされたのです。

半年後、メンバーたちの元気が次第になくなり……

私は、メンバーの一員だったときにも、主任だったときにも、仕事のプロセスを構築することが得意でした。

そして、実際に、多くの成果を上げていたと思います。

だからこそ、私がマネージャーになったなら、部署のメンバー全員に、私と同じようなプロセスで仕事をしてもらえば、より成果が上げられると考えていたのです。

ですから、マネージャー就任の初日には、準備に準備を重ねた状態で出社しました。

当時私が所属していたのは「事業計画部」です。

私は、その部署のすべての業務を丁寧に洗い出しました。

その上で目標を設定し、それから半年間の各業務の進め方を設計していたのです。

そして、各メンバーの分担まで決めて、一人ひとりが何をすればいいのかまで具体的にわかるように指示を出しました。

そこまで準備していたので、「後は各メンバーが実際に業務をこなすだけ」と考えていました。メンバーからも、私が提示した仕事の進め方に対して、特に反対意見は出ませんでした。

ですが、今振り返ると、当時、反対意見が出なかったのは、それを言えるような〝空気〟ではなかったからだと、ハッキリとわかります。

なぜなら、私は自信に満ちており、自分が正しいと信じて疑わない高圧的な態度だったからです。

それから半年ほど経った頃、私はあることに気がつきました。

ミーティングに出席するメンバーたちが、いつのまにか誰の目にも明らかに元気をなくしていたのです。

それでも、一部の人は、生き生きと仕事をしていました。

今から思えばそういう人は、おそらく私が提示した目標や業務内容、進め方の計画が自身に合っていて、納得できたのだと思います。

しかしそういう人を評価すると、皆口には出しませんが「園部さんがえこひいきしている」という雰囲気になりました。

自分の失敗が決定的になったプロジェクト炎上

部署のメンバーが元気をなくした原因は、やはり私のマネジメントのやり方にありました。

しかしこの時はまだ、自分に原因があることに気づいていませんでした。

ですが、後から振り返ると、いろいろなところにサインが出ていたと思います。

たとえば、飲み会の席で「園部さんのやり方はどうなのかな」という疑問の声がでる。部長陣の「園部は仕事ができるからいいけど、メンバーはあの仕事量をこなせと言われたらキツイだろうなあ」といった感想が耳に入る。

しかし私は、それを深刻な問題とはとらえず、流してしまっていたのです。


そうした中、部単位でバラバラに管理していた文房具などの消耗品を、いくつかの部でまとめて一元管理し、効率化を図るというプロジェクトが立ち上がり、私がプロジェクトリーダーになりました。

プロジェクトメンバーは、該当する各部の庶務担当の人たちです。

私がまず行ったのは、実際に消耗品の在庫を収納している各部のキャビネットを見て、庶務担当の人たちがそれぞれどのように管理しているのかを把握することです。

そして、一番効率よく管理している部の管理方法をベースに、それぞれの工夫している点を統合したやり方を提案し、変更するように指示しました。

結論から言うと、このプロジェクトによって消耗品にかかるコストを削減。

さらに、それまで各部の庶務担当が全員で携わっていた業務を、一人が担当すればよくなり、効率も上がり、会社から表彰もされました。

しかし、オモテ向きはうまくいったように見えても、その実、このプロジェクトは大炎上。

プロジェクトメンバーである各部の庶務担当の人たちとの人間関係が悪くなり、非常に険悪なムードになりました。

自分が何か過ちを犯したということを、はっきりと意識せざるを得なくなったのは、まさにその時です。

いったい、私のどういうところが、なぜダメだったのでしょうか。

実はその後、自分自身の失敗に気づくことになる出来事がいくつか起こります。

それをこれから順にお話ししていきましょう。

「リーダー」の仕事を「メンバー」の仕事の延長線上で考えていた

✔メンバーの仕事とリーダーの仕事の違いがわかっていない

あなたはリーダーの仕事をどのように捉えているでしょうか。

リーダーに抜擢された人であれば、おそらくメンバーやプレイヤーであったときに、高い実績を出してきているのではないでしょうか。それを評価されて、リーダーやマネージャーになっているはずです。

すると多くの人が、リーダーの仕事、マネージャーの仕事を、**これまでのやり方の延長線で考えてしまいがち**です。

プロジェクトが炎上するまでの私も、そうでした。

ですから、炎上してもなお、自分の何かが間違っていることには気づけても、何がいけないのかがわかりませんでした。

信頼できる上司や後輩に相談したり、本を読んだりして、リーダーの役割とはどういうものなのかを勉強しました。そのプロセスは、この後、詳しくお話しします。

そのようなプロセスを経て、やっと辿り着いたのが、この結論です。

「自分がメンバーとして経験してきた仕事だから、自分はこの仕事に精通している」と考えているのが、そもそもの失敗のもとだということ。

「マネージャー」の仕事は、「メンバー」の仕事の延長上にあるのではありません。

「マネージャー」と「メンバー」とはまったく別の職種なのです。

その認識を当時は持っていませんでした。

「マネージャー」とは、自分の部署やチームのメンバーたちの個性に合わせて人を活かすことが仕事です。

まずはその認識が必要だったのです。

POINT

メンバーとマネージャーは全く異なる仕事と心得る

「人の感情」への配慮がなかった

✔リーダーのイライラを周囲に感じさせてしまう
✔できないメンバーを一方的に叱りつけてしまう
✔メンバーや部下の話をどのように引き出せばいいのかわからない
✔メンバーの本音がわからない

リーダーがいつも正しいことを言っていれば、メンバーは無条件にリーダーについていくでしょうか。考えてみてください。「この人の言うことはいつも正論だ。けれど、ついていけない。どこか受け容れられない」ということは、仕事でもそれ以外でも、よくあることかと思います。

ですから、リーダーがいくらきちんと目標や業務計画を立てて、それを論理的に伝えたとしても、**受け取る側のメンバーの感情を考慮に入れていなければ、メンバーは**

リーダーにはついてきません。

プロジェクト炎上後の私に、同じ部署で仕事をしていた後輩で、プロジェクトメンバーと親しかったある人が、私にそっと囁いてくれたアドバイスが、この感情に関することでした。

これこそが、私が変わる一番のきっかけです。

この後輩は、「園部さん、プロジェクトメンバー皆から批判を受けているようですが、いったい何をしたんですか？」と私にそっと聞いてくれました。

私は、プロジェクトの進め方のあらましを説明し、「これだけしっかり仕事をしたし、結果も出たのに、何が悪かったのか教えてほしい」と後輩に訊ねました。

返ってきた答えは、「**人には感情があるんですよ**」という言葉でした。

つまり、次のようなことを、私はしてしまっていたのです。

プロジェクトメンバーのうち、一人の消耗品管理の方法が優れていたからと言って、「皆、このやり方に合わせてください」と一方的に指示すれば、他のメンバーは自分たちがバッサリ切り捨てられた、やり方を否定されたと感じて当然面白くありません。

さらに、業務効率化が成功し、それまで各部署の各メンバー全員で行っていた業務を、誰か一人が担当すれば良くなったことで、「自分の仕事を奪われた」と感じる人が出ていました。

仕事がうまく回ればそれでいいと考えていた私は、メンバーたちの感情についての配慮が大きく欠けていたのです。足元をすくわれた思いでした。

メンバーたちにはその後、自分に悪気はなかったけれど、配慮に欠けていて傷つけてしまったことを謝罪しました。

それで一応、人間関係は修復したものの、完全には許してもらえていなかったと思います。

その時に初めて、「感情って何だろう。自分はどう変わればいいんだろう」と考えはじめたのです。

POINT

相手がどう受け取るのか「感情」に配慮する

メンバーや部下の仕事をリーダーが一方的に決めていた

✔信頼関係をどのように構築すればいいのかわからない
✔メンバーの強みがわからず、うまく引き出してあげることができない

あなたは、チーム全員の仕事の分担をどのように決めるのがいいと思いますか。

リーダーが正しく業務の洗い出しを行い、目標や業務計画をきちんと立てて、メンバーの分担を事細かに決めてあげる。それが一番早くて、合理的。それこそがリーダーシップを発揮することである。そんな考えを持っていませんか。

それは一見、正しいように感じられると思います。

しかし、多くの人は、自分で考えたり決めたりすることにモチベーションを感じます。人から一方的に押し付けられるのは嫌なもの。

いわゆるやらされ感です。

私が本気で変わろうと考えて、周りを見るようになった時、少しずつそのことに気づきました。

するとまずは、すぐ近くの部署に、「こんなリーダー、上司になりたい」と思えるようなマネージャーの存在に気がついたのです。

その人のもとには、部下たちが入れ替わり立ち替わり相談に行っていて、さながら〝行列のできるマネージャー〟といった体でした。

しかも相談に行く部下は誰もが、笑顔でそのマネージャーと話をしています。

そして、部下が「これはこういうふうにやろうと思うのですが、どうでしょう?」と持ち掛けると、そのマネージャーは「いいよいいよ、思ったようにやればいいよ」と何にでもOKを出しているように見えたのです。

それは、私が経験したことのない光景でした。

まず、部下が自ら私に相談に来ることは、あまりありませんでした。

それに、私に笑顔で話しかけるようなこともありません。

また、私自身が部下に対して、そんなに明るく、耳ざわり良く、GOサインを出してはいませんでした。

「人には感情がある」となかなか気づけなかった私でも、やはり部下に嫌われるのは気持ちのいいものではありません。

〝部下に嫌われ続けるマネージャー人生〟なんて嫌だなと素直に思いました。

その時、後輩に言われた「人には感情があるんですよ。園部さん、そんな簡単なこともわからないんですか⁉」という言葉の意味が、少しわかるようになりました。

要は、部下の感情を汲み取らなければ、信頼されないし相談にも来てくれないということです。

今思えば、とても当たり前のことですが、当時の私には、全く思いも寄らないことでした。

信頼できないリーダー、相談したくないリーダーと、部下との間に、心地よいコミュニケーションが生まれるはずがありません。

ただ、リーダーから部下に、一方的に仕事の指示を出しているだけでは、部下のモチベーションが上がるはずがなかったのです。

「自己決定感」がモチベーションを高める

「私も〝メンバーに気軽に相談してもらえるマネージャー〟を目指そう！」

私は理想とする明確なリーダー像をイメージし、まずはそのリーダー像を実践するのに参考になりそうなビジネス書を片っ端から読みはじめました。

そのたくさんのビジネス書の中から見つけたのが、「**自己決定感**」という、リーダーにとって非常に重要な考え方でした。

この言葉の基になっているのは、１９８５年にアメリカの心理学者、エドワード・デシ氏とリチャード・ライアン氏が提唱した「自己決定理論」で、自分から自発的に決定することがモチベーションや成果に影響するというものです。

この理論に端を発して、モチベーションを高めるためには、誰かに言われたからではなく、自分で決めて自発的にやっているという「自己決定感」が必要であるという考え方が広まったのです。

「自己決定感」とは、噛み砕いて言うと、

「リーダーが決めるのではなく、まず部下やメンバーに考えてもらおう」

「部下やメンバーに自分で決めてもらおう」

という考え方です。

「人は自分で決めたい動物なんだな」と、自分のこれまでの経験でも、一方的に上司に指示されるより、自分の意見を聞いてくれたり、やり方に裁量を持たせてくれた時にやりがいを持って仕事ができたなと思い返し、やっと腹落ちしたのです。

かつての私のように、効率重視で仕事の分担から進め方までリーダーが一方的に決めて指示を出す方法では、部下やメンバーのモチベーションが上がるわけがなかったということです。

私は試しに、会議などで仕事の分担を決める際、「やりたい業務をやってもらいたいです。それぞれどの業務を担当したいですか？」という具合に、自分たちで選んで決めてもらうようにしてみました。

もしメンバー同士、やりたい業務が被ってしまった時には私が間に入って調整しましたが、それも本人の考えを確認し、進んでその仕事を担当できるようにしたのです。

（この詳しい方法については、第3章の「メンバーに『自己決定感』を持ってもらう」の中で改めて触れます）

そうすると、メンバーたちのモチベーションがみるみる上がって、主体的に仕事をしてくれるようになりました。

そして、私のところに相談に来てくれるようにもなりました。

それまでのメンバーの様子とのあまりの変わりようにものすごいギャップを感じましたが、自分が試してみたことに結果がついてきたので、少しずつ自分のマネジメントに手ごたえを感じるようになりました。

POINT

自分で決めることで「自己決定感」が生まれる

「成果を出すこと」ばかりで「人を育てる意識」が持てていなかった

✔結果を急ぎすぎて焦ってしまう
✔成果を数字でしかとらえられず、数字以外に意識を向けることを忘れてしまう

　リーダーにとっての成果とは何でしょうか。「チームの業績を上げることでしょう？」と思ったあなたは、半分正解、半分間違いです。

　数字、売上、業績といった成果にばかり目を奪われてしまうのが、多くの人が陥りやすい失敗ではないかと思います。

　私の場合、自分が変わろうとしていた過程で、ある取締役にこんなことを言われたことがありました。「マネージャーの仕事なんて、二つしかないんだよ。**業績を上げること（業務を拡大すること）と人を育てること**だよ」。そこでまた、「そうか、私は業績を上げるのは得意だけど、人は育てていなかったな」と気づきました。

業績を上げたいなら、数字や成果に対して、厳しく叱責すれば、追い詰められた部下やメンバーは、必死になって数字をかき集めてくるでしょう。

しかしそれでは部下が疲弊するばかりで、達成感を味わえることもなければ成長もしないでしょう。上げてきた数字もコンプライアンスを遵守したものと言えない可能性も高くなります。そもそも、今の時代にこのようなマネジメントを行えばハラスメントとなる恐れもあります。

そのことに気づけた時に、私自身、「メンバーを育成しよう。メンバーのモチベーションが上がり、この仕事をぜひやりたい、この仕事をやってよかったと達成感を味わってもらえるマネージャーになろう」と明確に言語化できたのです。

その時までは、短期であろうと中長期であろうと、数字に表れる業績を出したいという気持ちが強すぎたと思います。

しかしその後は、メンバーの成長や達成感を味わってもらうことも大きな成果と思えるようになっていました。これにより短期の業績だけでなく、中長期の視点で業績・部下の成長両面で成果をだすことを考えたときに、一つのプロジェクトの成果に一喜一憂することもなくなりました。

一方で、メンバーが達成感を得られたとしても、それが継続していかなければ成長には繋がりません。達成感を味わってもらいながら、業績も出し続けていく。これを、中長期でバランスを取って進めていくほうが理に適っていると思うようになりました。

上司に対して、そのことを相談できるようになったのもこの頃です。

「今期の目標達成に向けて全力で取り組みます。ただ中長期の視点でメンバーの育成にも取り組みたいと思っています。そのためには、メンバーの経験値を上げるためにチャレンジしてもらうことが必要で失敗するリスクもあります。メンバーを育成する視点で、メンバーに裁量を与え、自己決定感を持たせてモチベーションを上げるマネジメントをしていきたいと思います。ですので少し、中長期視点で見守っていただけると嬉しいです」

当時の私は、このように伝えたのではないかと思います。

POINT

「成果を上げること」「人を育てること」どちらも平等に重要

上司の「良いマネジメント」をまったく見ていなかった

✔上司を敵にまわしてしまう

あなたは「自分がリーダーの任に就いたのはいいけれど、お手本になるような先輩リーダーが社内には全然いない」と悩んでいませんか？

これは、私が実際に周りのいろいろな人たちからよく聞いた悩みでもあります。

確かに、誰から見てもリーダーにふさわしい、皆が憧れるスーパースターのようなリーダーが、自分の身近にいる例はほとんどないでしょう。

けれど、自分より経験を積んだ先輩たちには、それぞれにどこか学ぶべきところがあるものではないでしょうか。たいていの場合は、見る側がそれをきちんと意識していないために、見えていないだけです。

実際に私も、自分に自信があったこともあり、周りの先輩リーダーたちのマネジメントがそれまで全然見えていなかったと思います。

しかし幸い、当時の私は上司に恵まれていました。

私の上司である部長は、私が「自分に足りないのは部下の育成なので、これからは部下に自分の仕事を自分で決めさせて、達成感を味わってもらえるマネジメントをやってみたいです」と言えば、「そうか。やってみたらいいよ。前のあなたのやり方では危ないなと思っていたから」とざっくばらんに応えてくれるような人でした。

そこで私も、「え、危ないと思っていたんですか？」と改めて部長に訊ねました。

部長は「思っていたけど、その時に俺があれこれ言ったところで、無駄だっただろう？　人間は痛い目に合わないと気づかないから」と笑います。

確かに当初、マネージャーとして自分のやり方を通そうとしていた時に、「それではダメだ」と言われても納得できなかったなと、私も思いました。今振り返っても、そう思います。

それと同時に、その時、部長が私のことをちゃんと見ていてくれて、私の話を聞いてくれるということを初めて理解したと思います。

そして、「ああ、これがマネジメントなのか！」と感じました。

私は改めて、部長の何を見ていたんだろうと反省し、それからは自分の上司だけでなく、社内のいろいろな人のいいところを観察して、一つひとつ採り入れていこうと決めたのです。

当時私が所属していた事業部には、1部から4部まで4つのセクションがあり、それぞれに部長がいました。

私の直属の上司は先にもお話しした通り、尊敬できる人でしたが、他の部長もそれぞれに異なる個性を持っていて、皆いいところがありました。

ある部長は人の良いところに着目し、自分の弱みもさらけ出し、とにかくメンバーに任せる。ある部長は数字や論理的な裏付けを大事にしながらきめ細かなマネジメントをする。ある部長は、ビジョンを描き強いリーダーシップでメンバーを引っ張っていくなど。それぞれ個性はありましたが、そうしたことにも気づけるようになっていました。

その後も、いろいろな場面でいろいろな人が「うちの事業部には尊敬できる人がいないよね」と愚痴を言うのを聞くことがありました。

その度に心の中で「それはいないんじゃなくて、この人が見ていないだけだろうな」と思うようになっていったのです。

それに、その頃までには私自身、ビジネス書をたくさん読んで、そこから学ぶことも多かったので、「もし尊敬できる人がいないとしても、本を読めばいいのに」とも思ったものです。

また、尊敬できる人だけが学びの対象ではありません。反面教師というのも大事です。たとえば誰かのマネジメントを見て、「ああ、あの人は人の感情がわかっていないんだな」ということも次第にわかるようになっていました。

POINT

周囲のどんな人からでも、リーダーとして学ぶことができる

マネジメントとは何かがわかっていなかった

✔適切な指示の仕方がわからないため、部下が思うように動いてくれない

当たり前のことですが、管理職、リーダーの仕事は、「**マネジメント**」です。

では、いったい何をマネジメントするのでしょうか。

メンバーの仕事を管理することだけが「マネジメント」であると考える人が多いように感じます。

たとえば、業務計画・割当て、進捗管理、勤怠管理など……。

もちろん、リーダーはそれらを把握・管理する必要があります。

しかし、それらを管理することだけが「マネジメント」というわけではありません。

これに加えて、メンバーのモチベーションが上がるようリードすること、つまり「**モチベーションマネジメント**」も大切な役割です。

「モチベーションマネジメント」を実現するには、何か一つこれさえできればいいという単純なものではありません。

そこで私は、「モチベーションアップや部下のやる気を引き出す」といった本を読んだり、周りの部長の「ここがいい！」と気づく度に、それを言語化し、順に試していきました。

その時点では「これは自分に合いそう、これはきっと合わないだろう」などの判断はあまりせずに、とにかく全部実行。

当然、手応えのなかったものも数多くあります。

たくさんの知識を仕入れていましたから、それを実行してみて、結果が出なかったり自分に合わないと思ったら、その方法は止めてすぐ次の方法を試しました。

一つひとつに固執などしません。

次から次へとスピーディーにトライ＆エラー、スモールスタートを繰り返していく感覚です。

そのどれもが、「これはできない」と思うほど難しいことはありませんでした。

たとえば「部下には笑顔で挨拶」と書いてあれば実行し、「部下に感謝の言葉を伝える」とあれば「本当にありがとう。すごく助かったよ」と言う。

時にはちょっとしたお菓子を持って行ってねぎらう。

「部下のいいところを見つけてフィードバックする」とあれば、部下の持ってきてくれたメモ1枚にも「字がきれいだからすごく読みやすいよ」とポジティブなところを探してフィードバックする。

そんな調子でした。

バランスよくビジネス書から学ぶ方法

もしかしたら周りの人たちは、「園部さんが最近笑っているな」とか「園部さんがお菓子をくれたよ」などと言っては驚いていたかもしれません。

けれど就任半年程度の新米マネージャーですから、「園部さん、頑張っているな、変わろうとしているんだな」という目で見てもらっていたように思います。

その点は新米マネージャーの特権だったのではないでしょうか。メンバーたちが「園部さんを助けてあげよう・協力しよう」という気持ちになってくれればマネージャーにとってはすごくいい状態です。

私自身はその状態を目指そうとしていたように思います。

先にも少し触れましたが、私はビジネス書を本当にたくさん読みました。それこそ何百冊単位だったかと思います。

私が知りたいと思うことは、たいていビジネス書で説明されているということがよくわかりました。

今でもそうですが、私は何か知りたいテーマがあると、その同じテーマの本を何冊も読みます。

書店の棚に並んでいれば、全部買ってきます。

たとえば、「課題解決」「ロジカルシンキング」「リーダーの在り方」などの各テーマで、少なくとも一度に5、6冊ずつは読んでいます。

なぜそのような本の選び方をするかというと、同じテーマの本を何冊も読むことで、それぞれ違った著者が、皆共通に述べていることが見えてくるからです。

それが見えると、各テーマについて、「そういうことか」と理解できます。

本を読む時には、必ずマーカーで印をつけていました。

自分が何となく理解はしていても、それを言葉で説明するとなるとできないことが、本にはわかりやすい適切な言葉で書いてあります。

その言葉、そういう説明の一文があれば、そこにマーカーで線を引くといったやり方です。

そのようにして本から拾いだした言葉や文章は、自分でエクセルにまとめていました。この作業を繰り返していると、リーダーとしての語彙力も自然に増えていきます。

自分の考えを、メンバーなどに、明確に伝えるスキルも身につきました。

エクセルにまとめた言葉の数々は、後で時々見返すようにしています。「このポイントは最近意識から抜けていたな」と改めて学び直すためです。

トライアンドエラーした先に見えた答えとは？

そのようにして、失敗によって気づき、本や他の管理職の人たちから学び、自分のマネージャー像が定まってきました。

それを三つキーポイントに集約すると、次のようになりました。

①話しかけやすい、相談しやすいリーダーを常に意識する
②メンバーに自己決定感を持ってもらう
③メンバーの認識を丁寧に揃える

この三つのキーポイントをどのように実践するのかは、次の3章で詳しくお話しします。

今はキーポイントとして挙げるだけに留めておきましょう。

一般的に管理職の仕事は「業務を管理する」という意識が強いように感じます。

部下の仕事の進捗や、仕事のプロセスでルールを守っているかどうかについて管理することに重きを置きすぎている人が多いのではないでしょうか。

しかし、マネージャーの仕事とは、「モチベーションマネジメント」も同じくらい重要であるということが、さまざまなビジネス書を読み、管理職の人たちを観察することでよくわかりました。

POINT

メンバーの仕事とリーダーの仕事は「別の職種」と考える

メンバーを信頼できていなかった

✔仕事を抱え込み、一人で頑張りすぎてしまう
✔自分の弱みを認められない
✔仕事をメンバーに任せることができない

あなたはリーダーとして、メンバーのことを信頼しているでしょうか。

チームの中には、いろいろなタイプのメンバーがいます。タイプもスキルもバラバラだと思います。

仕事を任せやすい人もいれば、ちょっと任せにくいと思う人もいるでしょう。

しかし、メンバーを信頼しなければ、メンバーに仕事を任せることはできません。

先に自己決定感について話をしました。メンバーが自分で決めた仕事にモチベーションを感じるという話です。この「自分で決めてもらう」というのは、メンバーを信

頼しているからこそできることです。

私は、メンバーに仕事を任せたら思うような成果が上がってこないものだと思っていたので、最初はちょっと怖い気持ちがあったのは事実です。

それでも、自分が変わろうと努力していく中で、できる限りメンバーに自分のやりたい業務を選んでもらい、やり方も任せるということを試してみるようになりました。

同様の怖さを感じるのは私だけではないようです。

今までいろいろな人から「そんなに部下に仕事を自由に任せて、本当に大丈夫なんですか?」という質問を受けてきました。「部下より私のほうが仕事の経験があるのだから、部下に任せるより指示を出したほうが成果が出ると思うのですが……」という人もいました。

しかし、実際に私の部署のメンバーに「どの業務をやりたい? 好きなものを選んでいいよ。自分のやりたい業務をやればいいよ。得意なものを選んでもいいし、成長のために逆に苦手なものを選んでもいいし、やったことがない業務にチャレンジしてみてもいいかもね」といった声掛けをして業務を割り当てたら、びっくりするほどの成果が出るようになりました。

試してみる前は、「人に言われたことをやるより、自分で決めたことをやるほうがモチベーションが高まり、パフォーマンスが4倍高くなる」ということを本で読んでも、「そうなのかな?」と疑問を感じたものでした。

しかし、実際にやってみて初めて、「なるほど、これがそうか!」と納得しました。

うまくいかなかったことも「失敗」ではなく「いい経験」

確かにメンバーよりは私の方が経験値は高いので、たとえばある仕事をAとBのどちらの方法でやるのかというとき、メンバーが「Aの方法でやりたい」と言っていても、私は「経験から判断すると、Bの方がうまくいくな」と思うことはありました。

しかし、任せると決めていたので「Bの方法でやってください」とは基本的に言いませんでした。メンバーの言う通り、Aの方法で進めてもらうと、私の予想に反して、そのメンバーが、私の気づいていないような対処法でリスクを乗り越え、成功させてしまうという経験をこれまで何度もしてきました。

もちろん、メンバーに仕事を任せてみたら思うような結果が出なかったということもありました。「やはりBの方法がよかったな」というような結果です。

しかし、それは必ずしも失敗ではありません。そこからは、メンバー自身が必ず「うまくいかなかった。どうすればよかったのか」と考え、学ぶことがあるからです。

そのプロセスを経ることで、メンバーは着実に成長します。

ですから、私もメンバーには「今回は成果は出なかったけど色々学べて良かったね。経験を積むことはできたね」と言います。

そうした経験を経て、私は自分がそれまで、メンバーのことを信頼していなかったこと、そして、メンバーを信頼したら成果も出せないと勝手に思い込んでいたことに気づきました。

しかし実際には信頼することによって成果が出ましたし、今なら、むしろメンバーのモチベーションを高めた上で信頼して任せたほうが、より高い成果を出せるチームを作れると言うことができます。

メンバーの才能を引き出せるかどうかもリーダー次第

メンバーへの信頼ということに関しては、こんなことも経験しました。

メンバー一人ひとりに意見やアイデアを出してほしいときちんと問いかけをすると、「この人からこんなにアイデアが出るのか！」と驚くことがあるという良い実例をいくつも見たのです。

そのうちの一つの例についてお話ししましょう。

とある企画の解決策を検討する際、まずメンバー全員で考えられるアイデアの洗い出しを行います。そのために私は「**ＫＪ法**」という手法を使ってきました。

この「ＫＪ法」についても3章で詳しくお話ししますが、そのプロセスでは必ず、メンバー全員に3分なら3分と時間を決めて自分の意見やアイデアを書き出してもらいます。

そうすると、それまでは私がそれほど高く評価していなかったあるメンバーが、目を見張るほど切れ味のいいアイデアを二つ三つ出してきたのです。

何度も同じ手法でメンバー全員の意見を出してもらっているうち、やはりそのメンバーからは同様に切れ味抜群のアイデアが出てきます。

その時、私は思いました。人にはまだ誰にも知られていない才能があって、こちらから良い働きかけ、良い問いかけをしてあげれば、ちゃんとその才能を解き放ち、光らせてくれる瞬間がやってくるものなのだと。

それなのに、私はそのメンバーの才能をその時まで解放させずに閉じ込めてしまっていたのかもしれません。

それから、メンバー全員の話を聞くこと、何かを決める時にはメンバー全員に意見を出してもらうことを、とりわけ大事にするようになりました。

POINT

「失敗＝成長の機会」であればメンバーの失敗が心配ではなくなる

まずスモールスタートとして何からはじめるか?

これまでお話ししてきたような気づきや学びを経て、私自身のマネジメントのスタイルを3年ほどで確立できたように思います。

この本を読んでいるあなたは、これからマネージャーやリーダーのポジションに就く人。あるいはかつての私のように新米マネージャー・リーダーとして試行錯誤している人が多いと思います。

その人たちに今、何かアドバイスができるとしたら、「まず最初に、あなたがどういうマネージャー・リーダーになりたいのかを、とことん自問自答して言語化しよう」

ということです。

マネージャー、リーダーと言ってもいろいろなタイプの人がいます。

お手本になる人が身近にいるなら「ああいう人になりたい」と思い描いて、具体的にその人が持っているものは何かを言語化するのでもいいと思います。

うまく言語化できないようなら、その人がやっていそうなことが書いてある本を選んでみてください。

そして、「これは」と思った箇所に私がやっていたようにマーカーで印をつけたり、その箇所を書き出してみるのも手です。

ただ書き出しただけでは意味がないので、自分でそれをやってみること。

やってみてトライ&エラーを繰り返す。

そうしていれば、だんだんと自分が思い描いたマネージャー像、リーダー像に近づいていきます。

今チームにトラブルを抱えているなど、この章で挙げた〝陥りがちな事例〟に当てはまる人、もしくは、私が当初思い描いたような〝相談してもらえるリーダー〟を目指したい人は、まずはスモールスタートとして、次の五つをやってみるといいと思います。

①笑顔で元気に挨拶する
②メンバーのいいところを見つけてフィードバックする
③メンバーの話をちゃんと聞く。その人が気持ちよく話せるように声をかける
④メンバーの仕事は本人に決めてもらい、できる限り尊重し応援する
⑤メンバーが失敗しても一方的に責めたりせず、「いい経験をしたね」と伝える

ご覧いただいておわかりのように、やろうと思えばすぐにできることばかりです。大掛かりな準備が必要なものは一つもありません。

ですから、実際にあなた自身で試してみて、「お、メンバーの様子がちょっと変わったぞ」という実感を得ていただくといいのではないかと思います。

一つひとつを実際の職場でどう採り入れていくのか、そして、実際にどうメンバーやチームのモチベーションを高めて変化を加速させるのかを、次の第3章で詳しくお話しします。まずは「こういうことをやればメンバーに良い変化をもたらすことがで

きるんだな」ということだけ心に留めておいてください。

そして、このような小さなステップから少しずつメンバーのモチベーションを上げていくことが、メンバーの育成にもつながり、中長期の成果にもつながります。

第2章

変化できるチーム、変化をもたらすリーダーの在り方とは？

目指すはメンバー全員が自ら動きたくなるチーム

第1章で、私が「変化をもたらすリーダーの仕事の一つは、モチベーションマネジメントである」と気づくプロセスについてお話ししました。

しかし実は、どんな仕事においても、それが最も大事というわけではありません。

では、どんな仕事ならそれを大事にするのでしょうか。

第2章ではそれをお話しします。

さらに、本書では、「メンバーが主体的に行動し、仕事のやりがい・達成感を得られるチーム」を目指します。もちろん、それにはきちんと理由があります。

そして、「モチベーションマネジメント」ができるリーダーを目指す理由とも、深く関わりがあるのです。

ですから、これから順に、それらをご説明していきましょう。まず、どんな仕事に、どんなマネジメントスタイルが合うのかということからお話しします。

仕事は、三つの種類に分かれます。

まず一つ目は「力仕事」。これは人の代わりに機械がやってくれる仕事です。

二つ目は「作業系の仕事」。これは手順が決まっている仕事で、将来的にはテクノロジーに置き換えられることが十分予想されます。実際、既に置き換えられている例も多く、たとえば鉄道の自動改札機や、手作業で行っていたものが、システム化されたものなどを思い浮かべていただければいいでしょう。

三つ目は「**問題を解決する仕事**」。問題を解決するためには、解決策を考え、皆で知恵を出し合い、企画を立てる必要があります。つまり、プロセスに「企画すること」が求められる仕事です。

といっても、商品・サービスの企画職や、デザイン職や設計職といった専門スキルが必要な職種などの、いわゆる〝クリエイティブ系の仕事〟を指しているのではありません。

どの職種のどの仕事なのかという範疇には限定せず、「創意工夫が必要な仕事」全般を指しています。

今の時代、主流は「創意工夫が必要な仕事」

たとえば、人事の仕事は、先に述べたようないわゆる〝クリエイティブ系の仕事〟として分類される仕事ではありませんが、もし「採用」という仕事ひとつでも、「今、当社ではどういう人を採用すればいいのか」「採用率を上げるには具体的に何をすればいいのか」「採用ウェブサイトをどのようなページにすると効果があるのか」などを考える必要が出てきます。

これらの仕事は、今までやってこなかった新しいことを、「採用」という観点から生み出す仕事なので、企画という領域に踏み込んでいます。

テクノロジーが進歩し、さまざまな機械やITインフラなどが職場に導入されて、今までの仕事のやり方を見直す、というのも企画領域の仕事です。

企業というのは、なんらかの社会課題を解決するために事業を行っています。そこで働く一つひとつのチーム、一人ひとりの社員にとっては、目の前のお客様の課題を解決して価値を生み出すことが、仕事の主流になっています。

つまり、三つ目の「問題を解決する仕事」とは、事業や部門、職種に関わりなく、ここ10年ほどで増えてきたように感じています。

「企画や創意工夫が必要な仕事」であり、**「テクノロジーに置き換えにくい仕事」**とも言えます。

そこで、チームのメンバー皆で対話し、知恵を出すことが必要になるので「メンバーが主体的に行動し、仕事のやりがい・達成感を得られるチーム」を目指していくことが有効というわけです。

トップダウンのマネジメントの場合創意工夫が必要な仕事は成果を出しにくい

10年ほど前まで、マネジメントのスタイルは圧倒的にトップダウンが主流だったように思います。手順が決まっている「作業系の仕事」には、このマネジメントが適しています。上司の指示通り、手順通りに作業をすることで効率性が高くなります。

しかし、先ほどもお話しした通り、現在、仕事の多くは「企画や創意工夫が必要な仕事」へと移ってきています。

そのため、ここ10年ほどで「従来のマネジメントではうまくいかない、マネジメントのやり方を変えていかなければいけない」と多くの人が気づきはじめたのではないでしょうか。

そこで、これからお話しするマネジメントスタイルを採り入れる会社や管理職が徐々に増えてきたようです。もちろん、現在でも「作業系の仕事」は存在しています。そして、その仕事にはトップダウンのマネジメントが適していることが多いと思います。

問題は、「企画や創意工夫が必要な仕事」であるにも関わらず、それにはそぐわないトップダウンのマネジメントが採用されていることです。現状はそういう仕事であっても、トップダウンのマネジメントスタイルと、これからお話しするマネジメントスタイルが混在していると感じます。

「企画や創意工夫が必要な仕事」が増えてきた今、トップダウンでメンバーに「知恵を出せ」と命じたところで、知恵やアイデアがすんなり出てくるわけはありません。ですからマネジメントスタイルも、シフトチェンジしなければならないのです。

そこで「メンバーに裁量を持たせるマネジメント」が求められます。「メンバーに裁量を与える」というのは、**メンバーのモチベーションと大きな関わりがあります。**

私もリーダーを務めていて、メンバーのモチベーションが上がったり下がったりする様子を見てきました。

そして、仕事を進める上では、当然ながら、メンバーのモチベーションが上がるほうがうまくいくことに気づきます。

では、どういう現象に直面すると、メンバーのモチベーションが上がるのでしょうか。それは、**メンバーが「腹落ち」したり、「納得」した時**です。

人はどうしたら納得するのかということを、私はまず調べました。そこで行き着いたのが、「自己決定感」でした。

先の第1章でも軽く触れましたが、この「自己決定感」については、さまざまなビジネス書でも述べられています。

それらによると、結果としての意思決定において、「正しいか・正しくないか」は、人の納得度を決めるものではない。「その意思決定プロセスに参加できたか・できなかったか」が、人の納得度を決めるというのです。

では、自分の意見が採用されなければ納得できないかというと、必ずしもそうではありません。

大事なのは、「**意思決定を行うプロセスに参加できた**」ということです。

つまり、「自分の意見を聞いてもらえた」「決定のプロセスで自分の意見が採り入れられた」という感覚さえあれば、納得度は格段に上がります。

その感覚こそが「自己決定感」です。

まさに私も、そういう様子を実際に目にしました。チームのメンバーが生き生きするのは、決定のプロセスに自分の意見を採り入れられたと感じたときです。

プロジェクトなどにおいて皆で意見を出し合うような場面では、メンバー一人ひとりの**発言量と、その人の満足度はほぼイコール**になっています。発言が多ければ多いほど、自己決定感が得られ、納得度が高まるからです。

そして、メンバーにはどんどん発言してもらい、決めるプロセスできちんと取り上げることが、その人の**納得度、満足度を上げることに直結**します。

ですから、メンバーには大いに裁量を与え、自己決定感を感じてもらう場面を増やしていくこと。

そのためには、「心理的安全性を確保すること」が必須です。

心理的安全性があって初めてアイデアが出てくる

「心理的安全性」とは、ハーバード・ビジネススクール教授で組織行動学者のエイミー・C・エドモンドソン氏が、1999年に発表した論文で初めて提唱した考え方です。

自分の考えや概念を表明したり、間違いを認めるという行動は、チームの対人関係を悪くするリスクがあると考えられます。

しかし、チーム内に互いの信頼関係があればどうでしょうか。

他の人とは違う考えを披露したり、自分の間違いを認めても、馬鹿にされる、批判される、否定される、罰せられるといった心配がない環境ができます。

そして、リスクを感じることなく、安心して発言できるのです。

そういった「安全である」という気持ちがチームメンバー全員に共有されることが「心理的安全性」です。

つまり、誰もがためらうことなく、安心して自分の意見を言ったり、失敗を報告できる状態のことです。

その状態をつくるために、私自身は**常に笑顔で、職場を柔らかい雰囲気**にしたり、リーダーとして「**問いを磨く**」ということを心掛けてきました。メンバーに「良い問い」を出せば、それだけ「良い答え」が返ってくるからです。

このあたりのリーダーの在り方については、第3章で詳しくお話しします。

日本の企業では、「企画や創意工夫が必要な仕事」においても、トップダウンのマネジメントスタイルと、メンバーに裁量を持たせるマネジメントスタイルが混在したまま、手探りの状態だと感じています。

トップダウンのマネジメントは、手順の決められた仕事を管理する上では成果を出しやすいという特徴があります。

一方で、メンバーに裁量を持たせるマネジメントは、モチベーションに働きかけるため、中長期視点で成果につながりやすい点が特徴です。

ただ、短期視点でそのチームが成果を出せない場合に、「あんなふうに部下を甘やかしているからだ」という批判が出る可能性もあります。

しかし、成果とは一時的なものが問われるわけではありません。

継続的なものでなければならないのです。その点では〝中長期の成果につなげる〟という信念を、強く持つことが必要だと思います。

〝ちょっとゆるい〟くらいがちょうどいい

それでは、「メンバーが主体的に行動し、仕事のやりがい・達成感を得られるチーム」とは、具体的に言うとどういうチームなのでしょうか。

明確なイメージを持っていただけるように、その条件を以下に挙げてみます。

◎リーダーがメンバーに、上司・部下という立場の違いを意識させない
◎言葉は基本「ですます調」で丁寧だが、フラットな関係で会話する
◎チームの皆が、何の抵抗もなく発言できる。その発言を否定する人は誰もいない

◎メンバー全員の発言を何らかの形で採用する
◎皆でアイデアを出すための企画会議をすると、物事が決まる。メンバーには「自分で決めた感」がある
◎企画会議を終えた後には、「今日の会議、楽しかった」と言う人が多い。メンバーの納得度も高い

これからイメージしていただいた、「メンバーが主体的に行動し、仕事のやりがい・達成感を得られるチーム」は、どうすればつくれるのかをお話ししていきます。

大切なのは、メンバーの「自己決定感」

先ほどの「自分で決めた感」が、まさに先ほどお話しした「自己決定感」です。メンバーにこれを感じてもらうには、一人ひとりの発言量が多くなければなりません。

そのためには「ここでなら、自分の考えをいくら発言しても大丈夫。否定されたり、あいつはダメだと言われたり、思われたりしない」という「安心感」があることが前提です。

このような安心感を持ってもらうためには、「常に安心で安全である」という雰囲気をつくる必要があります。

そこで目指すのが、フラットな関係づくりです。

役職や社歴によって、目上・目下がはっきり分けられていると、目下の立場にいる人からは、目上の人に対して発言しにくくなります。

もちろん、組織ですから、役職や社歴の違いはそれぞれありますが、それによって**発言をためらわなければならない環境にしない**ことです。

特にリーダーは、メンバーにとって目上の立場にいる人です。

ですからリーダーから率先して、「**何を発言しても大丈夫、否定したりせず、メンバーの意見を尊重する**」といったフラットな関係をつくる必要があります。

フラットな関係づくりとは、メンバーにとって、リーダーや他のメンバーの顔色をうかがう緊張を強いることがない、いわば**〝ちょっとゆるい雰囲気〟づくりです**。

この〝ちょっとゆるい雰囲気〟ができあがっているからこそ、メンバー一人ひとりが活発に発言できます。

その結果、一人ひとりの発言量も増えていきます。

だからこそ、「自己決定感」を持てます。

そのためメンバーの納得感が高くなり、「仕事が楽しい」「自分からどんどん行動したい」「次もまた自分のアイデアを出したい」「次の企画会議が待ち遠しい」と感じることができます。

要はメンバー一人ひとりのモチベーションが高まっている状態です。

こういう「場づくり」「雰囲気づくり」をすることも、リーダーの役割だと考えています。

変化をもたらすリーダーが身につけておきたい条件

次にいよいよ、「メンバーが主体的に行動し、仕事のやりがい・達成感を得られるチーム」におけるリーダーの姿についてお話ししましょう。

優れたリーダーの条件はいろいろありますが、大きく分けると二つ。

一つは「ロジカルであること」、もう一つは「話しかけやすい柔らかい雰囲気」です。

「ロジカルであること」は、リーダーのベーススキルです。

仕事に必要なことを、チームのメンバーたちにわかりやすく伝えることがリーダーの仕事として必須だからです。

この「ロジカルであること」の基になっているのは、コンサルティング業界に由来する「ロジカルシンキング」です。

日本では、2001年5月にマッキンゼーの照屋華子・岡田恵子著『ロジカル・シンキング——論理的な思考と構成のスキル』(東洋経済新報社)が出版されて一躍ブームになりました。

同書では、話の重複、モレ、ズレをなくす技術として「MECE(ミーシー)」が紹介されています。この「MECE」という言葉も、ブームに乗って広まりました。「MECE」とは、「Mutually(お互いに)」「Exclusive(重複せず)」「Collectively(全体に)」「Exhaustive(漏れがない)」の頭文字からできた言葉です。

何かを考えたり、正確な答えを導き出すために必要なこととされています。リーダーがチームのメンバーたちに対して、仕事に必要なことを伝える際にも、こうしたロジカルシンキングに基づき、伝えるべきことを整理できるスキルが求められます。

一方、「話しかけやすい柔らかい雰囲気」は、人の感情と深い関わりがあります。人には必ず感情があり、リーダーはメンバーの感情に影響を及ぼす存在です。

そこでリーダーには、部下の感情を適切に汲み、配慮や寄り添うスキルが求められます。

リーダーはメンバーの行っていることを理解し、適切にコミュニケーションが取れるようでなければなりません。

ですから、リーダーはいつでも、メンバーが躊躇なく話しかけられる雰囲気でいる必要があります。

そのため、リーダーに求められるのが「話しかけやすい柔らかい雰囲気」なのです。人は、厳しい表情の人より、笑顔でいる人のほうが断然話しかけやすいと思いませんか？

「上司と部下という関係があるのだから、メンバーはリーダーに対して、話の内容や言葉を選んで話してほしい」というスタンスより、「同じチームの仲間なんだから、何でも話していいよ」というスタンスのほうが、あれこれ相談しやすいのではないですか？

そこで、リーダーのポジションパワーを感じさせないように、メンバーにはフランクに接することが大切です。

もしかしてあなたは、「そんな態度だとメンバーになめられて、むしろ良い関係が築けないのでは？」と考えているでしょうか。そんなことはありません。

メンバーが話しかけやすく、何を話しても否定されないと感じられる柔らかい雰囲気を醸し出しながらも、仕事や成果に真摯に向き合っていれば、一緒に働いているメンバーにはその真摯な思いはちゃんと伝わるものです。

私も会社員時代に、特に説明をしなくてもメンバーが「あのリーダーはただ話しかけやすいフラットな人じゃない。仕事には真摯で厳しい」とわかってくれていたな、と感じた経験があります。

そのあたりのことは第3章でまた詳しくお話しします。

自分は「ロジカルである」か？　セルフチェックしてみる

それでは、リーダーに求められる二つの要素のうち、自分にはそのどちらかが足りていないと感じている場合に、どのように身につければいいのでしょうか。それをお話ししましょう。

リーダーとしてはチームのメンバーとともに会社から与えられたミッションをクリアする必要があります。

まずは自分自身で、「そのための目的は何で、手段は何か」「具体的に、何人で何をするか」を、明確にイメージできるかどうかを考えてみてください。

つまり、何か仕事をする際に、「目的」と「手段」を切り分けて明確にする必要があるということです。

しかし、「目的」と「手段」を明確にしないまま仕事をしているケースというのは世の中でよく見られます。目的が何かもわからないまま、「これをやれ」と言われたからやるという、ただ誰かの指示に従うだけの仕事の仕方です。

「これをやれ」の「これ」とは、「目的」ですか、それとも「手段」ですか？「手段」だとしたら、「目的」は何でしょうか？

「目的」と「手段」を切り分けるとは、それをはっきりさせることです。

たとえば、「Aという商品の売上データをまとめてください」と指示されたとします。

この指示は、A商品の売上を把握するという目的のために行うのですか？　それとも、その売上データを他社の競合商品のデータと比べて、新たな戦略を練るという別の目的がありますか？　そのために、まずはA商品の売上データをまとめるという手段が必要だということでしょうか？

もし、A商品の売上データが、別の目的のために必要な手段であるなら、最終的な目的は何かも皆がわかるようにしておきます。

プロジェクトの立ち上げ時には、プロジェクトメンバー全員が「目的」と「手段」を明確に理解し、納得できるようにする必要があります。

そうすることで、全員が仕事に〝腹落ち感〟を持つことができて、自分から動こう、自分もアイデアを出そうという意欲を養えるからです。

そこで、今進んでいる仕事について、「自分自身が『目的』と『手段』の切り分けができているのか」「自分のチームのメンバー全員が『目的』と『手段』を認識し、納得しているのか。その認識は確かに全員揃っているのか」をチェックする方法があります。

チェックしてみた結果、もしできていないようなら早急にそれらを行ってください。

「ロジカルシンキング」や「フレームワーク」の勉強もお勧め

もしあなたが「自分は物事をロジカルに考えて整理するのはどうも苦手だな」と日頃から感じているようなら、「ロジカルシンキング」や「ビジネスフレームワーク」を勉強することをお勧めします。

先にも少し触れましたが、「ロジカルシンキング」とは、ビジネススキルとしての論理的思考のことです。一つの事象について矛盾がないように順序立てて考えたり、体系的に整理することを指しています。

また「ビジネスフレームワーク」とは、「ロジカルシンキング」の手法として、重複、モレ、ズレがないよう、事象を体系的に整理するためのロジックツリーや表などのツールです。これを使うと、現状の把握や業務の具体的流れの可視化、課題の洗い出しなどが容易に行えるようになります。

自分には「話しかけやすい柔らかい雰囲気」が足りないと思ったら

私にも覚えがありますが、かつて私自身に足りなかったのは、リーダーに求められる二つの条件のうち、話しかけやすさや、柔らかい雰囲気でした。

そして、二つの条件を比べてみると、「ロジカルである」というスキルより、「話しかけやすい柔らかい雰囲気」のほうが身につけやすいように感じています。

このスキルは、人には感情があることを認識し、その感情を汲み取って適切なコミュニケーションを行うためのものです。

当初私は、仕事をするにあたって、人の感情を汲み取ることが必要だとは思っていませんでした。第1章でも述べたとおり、そのために大きな失敗をしてしまったわけですが。

しかしだからと言って、自分自身が本当に感情豊かな人、人に寄り添うのが当たり前の人に変貌する必要はないと思っています。リーダーとは、あくまで「役割」だからです。

人はいろいろな場で、「役割」を果たしながら生きています。会社の中では「リーダー」という役割を果たしているにすぎません。

リーダーとしては、メンバーが「あの人は私の話を聞いてくれる」「あの人だからぜひ相談したい」と思えるように「役割」を果たせればいいのです。それには、人が話しかけやすい柔らかい雰囲気を身につけることが有効です。

リーダーとして、自分のブランディングを

そういう意味では、「あのリーダーは**柔らかい雰囲気で、誰に対してもフランクな態度だから話しかけやすい**」というブランディングが必要だと考えています。

私自身、〝相談しやすいリーダー〟を目指すようにしてからは、オフィスに一歩足を踏み入れた瞬間から笑顔でいることを強く意識していました。

「おはようございます！」の挨拶も、笑顔で陽気に。

いつも朗らかでいると同時に、言葉は丁寧であってもフランクな態度で。


コミュニケーションには言語によるものと、非言語によるものがあります。

非言語とは何かというと、表情、声のトーン、視線、身ぶり手ぶりなどのことです。

心理学者のアルバート・メラビアン氏によると、**その人の印象を決めるのは、93％が非言語的要素**だということです。

ですから、同じ言葉を口にするにも、どんな表情で、どんな声で、どんな身ぶり手ぶりで言うのかがとても大事なのです。

とはいえ、「自分は人にフランクに接するのは苦手だな」「いつも朗らかそうにはできないよ」という人もいるかと思います。

「リーダーとはこういうタイプが最も優れている」という答えがあるわけではありません。

そうであれば、自分ならどんなリーダーの元で仕事をしたいのか、自分の持ち味を活かしながら、一緒に働きたいリーダー像になるために何ができるかを考えてみることが必要です。

目標のリーダー像に近づくためには？

「リーダーを務めるのなんて初めてなんだから、理想のリーダー像なんてわからないよ」と、あなたは思ったかもしれませんね。

これは私も会社員時代に実践していたことですが社内には「こういうリーダーと一緒に働きたい」と思えるような人が何人もいました。

隣の部署のマネージャーや、その隣の部署の部長、自分が参加したプロジェクトのリーダーなど。

私は、その人たちのことを、**とにかくよく観察した**のです。

「A部長のところには皆が相談に行っているけど、なぜなんだろう」「Bマネージャーに言われたことなら、皆が聞くのはどうしてかな」という具合です。

そのようにして、それぞれのリーダーが持っている「光るもの」がいったい何なのか、その要素を洗い出し、片っ端から言語化していきました。

「あの人は、とてもロジカルで、言っていることが理解しやすいな」「この人のビジョンはいつもゆるいけれど、いい意味でスキがあるから人が寄ってくる」などということが観察しているうちにわかってきます。

それを自分も真似してみて、うまくいったものは自分の手法として採り入れました。

その点では、業務改善の手法で使われる「ＰＤＣＡ」と同じです。

改善策を計画（Plan）し、実行（Do）し、その効果を評価（Check）し、次の改善策に取り組む（Action）という繰り返しで業務を改善していくことを「ＰＤＣＡを回す」と表現します。

リーダー像についても同様で、ＰＤＣＡを回しながら自分自身のリーダー像をつくりあげていきました。

たとえば「あの部長のこういうやり方はいいな」と思ったら「〇〇をやる」「〇〇を心掛けてみる」と自分の言葉で書き出し（＝Plan）、すぐに真似してみます（＝

Do)。

そうするとメンバーの表情が変わったり、前より仕事に意欲的になったりなどの効果が現れます（＝Check1）。

そうしたらそれを自分のスタイルとして採り入れます（＝Action1）。

もし「あれ、あまり効果が見られないな」と思えば（＝Check2）、すぐにそのやり方は捨てて、また次のやり方を試します（＝Action2）。

そんな繰り返しでしたから、私の描いていたリーダー像には5、6人のモデルがいます。**一人で優秀なリーダー、魅力的なリーダーの要素をすべて備えている人などなかなかいません。**

ですから、何人ものリーダーから、それぞれの優秀なところ、魅力的なところを盗めばいいと思います。

もし、いくら探しても自分の周りには真似したいと思える「光るもの」を持っているリーダーがいないということなら、リーダーでなく後輩でも構いません。テレビで見かける著名人や芸能人でもOKです。

「リーダーは笑顔で柔らかい雰囲気のほうがいいな。どんな人をイメージしたらいいかな」と考えて、そのモデルにしたい人の真似をしてみてはいかがでしょうか。

一点、真似したい人が誰もいないと思った方にお伝えしたいのは、曲がりなりにも何年もリーダーを務めていて成果も出している人であれば、**どこか一点でも何か「光るもの」を持っているものです。**

先ほどお話しした通り、魅力的なリーダーの要素をすべて備えた〝完璧なリーダー〟はなかなかいません。あなたが思う理想通りのリーダーではないかもしれませんが、改めてそういう目で自分の周りの人を見回してみましょう。

大切なことは、**自分自身のリーダー像をどれだけ描けるのかということです。**

自分がどういうリーダーになりたいのか、その目標が明確になればなるほど、メンバーがあなたと一緒に働きたい、あなたのために一肌脱ぎたいと思うリーダーへと着々と近づいていきます。

大切なのは「あの人はメンバーを成長させる」という信頼

ではいったい、リーダーの仕事とは何でしょうか。

一言で「リーダー」と言っても、大きく2種類に分けられます。ライン管理職である「組織のリーダー」と、「プロジェクトのリーダー」です。それぞれのミッションは異なります。

「組織のリーダー」の場合には、ミッションとして

①業績を上げること

②部下を育成すること

の二つが課せられます。

一方、「プロジェクトのリーダー」の場合は①のみ、つまり業績を上げてプロジェクトを成功させればＯＫで、②の部下の育成を強く求められてはいません。

「組織のリーダー」であっても、とかく業績を上げることに夢中になると部下の育成を忘れがちです。業績は数字になって現れるので評価しやすいのですが、部下の育成は数字では現れないからです。そこでついつい短期的に業績を上げることばかりに一生懸命になってしまうと、メンバーのモチベーションが下がるし、継続的に業績を上げることもできなくなります。

メンバー全員がモチベーションを上げ、達成感を得て成長すると、チームが活性化して中長期で見た時に業績につながりやすくなります。

ですから私自身は、組織の部長を務めた時はもちろん、さまざまなプロジェクトのリーダーを務めた時も、メンバーのモチベーションを上げることを常に意識していました。そうなるまでには私自身の失敗があったり、そこから学んで変わっていくプロセスがあったのですが、それは第1章でお話ししたとおりです。

メンバーのモチベーションを上げることにこだわると、自分のチームのメンバーだけでなく、周りや他の部署の人たちからの信頼を得られるということにも気づきました。

プロジェクトというのは、たいていさまざまな部署から横断的にメンバーが集まります。

その際、多くのリーダーが各部署に対して「誰か一人、メンバーを出してください」という依頼をすることが多いのではないでしょうか。

しかし、実はリーダーには、「このプロジェクトで成果を出すには、自分のチームにこういう人がほしい」という考えがあると思います。

そこで、どの部署にどんなメンバーがいるのか、どのメンバーに自分のプロジェクトチームに参加してもらいたいのかを、自分なりに慎重にリサーチするのが、よりよい方法です。

そのリサーチ結果を吟味した上で、一つひとつの部署に「この人にメンバーになっていただきたい」と名指しで依頼するほうが当然良いチームができあがります。

表向きは名指しの依頼ができないという場合でも、それぞれの部署の部長や周囲の人たちに対してきちんと説明をして、プロジェクトメンバーを選ぶ方法があると思います。

この時、各部署の部長が気持ちよく部下をプロジェクトメンバーとして出してくれるのは、「このリーダーのチームに預ければ、部下が必ず成長して戻って来てくれる」という信頼があってこそです。

ですからリーダーから部長に直接、「プロジェクトを通してこの人を成長させます」と約束できるのがベストですし、そうなるように行動することで、周囲の他の部署からの信頼も得られるようになります。

会社から「部下を育てる」というミッションを課されていなくても

プロジェクトのリーダーを務める際は、次の項目を見定めることが重要です。

◎自分がこのプロジェクトのリーダーを務める目的は、会社目線で見たら何か
◎自分がこのプロジェクトのリーダーを務める目的は、自分の目線で見たら何か
◎自分がこのプロジェクトのリーダーを務めることで、この先の自分のやりたいことにどう役立つか

これらのことがリーダー自身で見定められたら、リーダーを務めることには大いに意義を感じられるのではないでしょうか。きちんと意義を感じた上で、誰のためでもなく自分のために、主体的に動くことが大切です。

先に、プロジェクトリーダーには、「業績を上げる」というミッションが課されていると述べました。

そして、「部下を育てる」というミッションは課されません。

しかし、プロジェクトリーダーが自分から主体的にメンバーのモチベーションを上げ、育てることには、周囲の信頼を得られるという大きなメリットがあります。

そもそも、主体的に動いていないリーダー、〝やらされ感〟いっぱいのリーダーに、あなたはついていけますか？　ついていけないのではないでしょうか。

ですから、先にご説明したリーダーの二つの条件、「ロジカルであること」「話しかけやすい柔らかい雰囲気」の土台として、高い主体性と当事者意識を備えていてほしいと思います。

「この人のために一肌脱ぎたい」と思われるリーダー像についてはこれから具体的にお話ししていきますが、それが実現できるのも当事者意識があり、周りの信頼が得られるからこそです。

第3章

変化をもたらすリーダーは、チームの「空気」を重視する

変化をもたらすリーダーの三つのキーポイント

この章では、私自身が試行錯誤しながらたどり着いた〝変化をもたらすリーダー〟に必須のキーポイントについて詳しくお伝えします。

そのキーポイントとは、次の三つです。

①話しかけやすい、相談しやすいリーダーを常に意識する
②メンバーに自己決定感を持ってもらう
③メンバーの認識を丁寧に揃える

〈キーポイント①〉話しかけやすい、相談しやすいリーダーを常に意識する

相談しやすいリーダーは、常に笑顔である

メンバーが相談しやすいリーダーとは、「この人と働くと楽しいな、安心して働くことができるな」とメンバーが感じる人です。どういう人と働くと楽しいのか、安心して働くことができるのかを考えたら、まずは笑顔ではありませんか。

笑顔が嫌いな人は、世の中にあまりいないと思います。少なくとも私自身は、今ま

で会ったことがありません。世の中の人は笑顔が好きなのだから、笑顔にならないでいる理由がありません。

笑顔というのは、表情筋と深い関わりがあります。表情筋とは、顔、頭、顎の表面にある薄い筋肉のことです。笑顔は、目元がゆるんだり、口角が上がるなど、表情筋の動きによってつくられます。

この表情筋は、始終動かしていないと硬くなる特性があります。赤ちゃんは1日約400回も笑うと言われていますが、それは表情筋が柔らかいからこそ成せる技です。

大人になると、そうそう感情を豊かに表現しなくなっていきます。楽しいことばかりではなく、辛いことや悲しいこと、心地よくないこともたくさんあるという事情もあると思います。しかし、辛いとか悲しい、心地よくないという感情を顔に出すわけにいかない場面もたくさんあるでしょう。

だから大人の表情筋は、放っておくとだんだん硬くなっていきます。自分で意識して目元をゆるめたり、口角を上げるなど、表情筋を動かさないと、笑顔が顔に表れにくくなるわけです。

そこで、「常に笑顔でいよう」と思うなら、自分で意識して、1日に何度も笑顔をつくるようにしなければなりません。そのようにしてはじめて、常に笑顔でいることが叶うのです。

そして笑顔でいることが、人から見て、元気そう、楽しそうと感じられる要素になります。

メンバーから見たリーダー自身が「この人は元気そうだな、いつも楽しそうだな」と感じられる人でなければ、一緒に働きたいとは思われないでしょう。だからまずは笑顔が大切です。

「おはようございます」や「お疲れ様です」といったちょっとした挨拶も、笑顔で元気に。顔の表情だけで笑っていても不十分です。身ぶりや手ぶり、声のトーン、そういった全体の立ち居振る舞いで「明るくて楽しそう、元気そう、エネルギッシュ」と感じてもらえる演出を自分自身でつくります。

今、「え？　つくった笑顔でいいの？」と思った方、心配しなくても大丈夫です。

先にも述べたように、大人の表情筋は放っておけば硬くなります。ですからそもそも笑顔とは、意識してつくる必要があります。そうしないと、どんどん笑顔が失われていくのが自然なことだからです。

そもそも笑顔でいるというのは、大人にとっては努力が必要だと思ってください。

最初は「こんな笑い方でいいかな？　こんなふうに明るいトーンで言葉を発したらいいかな？」と考えながらいろいろ試しているうちに、自分のスタイルとして定着します。

そして、ナチュラルな笑顔で、明るく元気そうな立ち居振る舞いができるようになります。

「私は笑顔をつくるのが苦手だな」と思っている人は、周りを見回して、笑顔が素敵な人を見つけ、真似してみましょう。

別に管理職やリーダーの方でなくても、同僚や後輩でもＯＫ。

職場にはそういう人がいなければ、たとえばプライベートの友人や、テレビで見かける芸能人の誰かを思い浮かべるのでも構いません。

相談しやすいリーダーは、エネルギーを与える人である

人は、大きく三つのタイプに分かれます。

①一緒に働くとエネルギーを与えてくれる人
②一緒に働くとエネルギーを吸い取られる人
③一緒に働いても何も感じない人

メンバーのモチベーションを上げるのは、やはりエネルギーを与えてくれるリーダーです。先にお話しした「笑顔」ももちろんその要素の一つですが、もう一つ大切なのが、「メンバーにはポジティブな言葉をかける。ネガティブな言葉は使わない」ということです。

人は、ポジティブな言葉、自分を肯定してくれる言葉を聞きたいと思う傾向にあり

ます。ですから、「この人の言葉を聞くと元気になる。やる気が湧いてくるな」と思えれば、自ら話しかけたい、相談したいと考えるようになります。

そこで心掛けたいのが、メンバーの良いところを見つけてフィードバックすること。そのためにはメンバー一人ひとりを、日ごろからよく観察する必要があります。

人は、他人のできていないところや欠点などに目がいってしまうものです。もしあなたが、「人のいいところやできている部分など、ポジティブな要素を見つけるのは苦手」だと思っているとしたら、それは当然のこと。だから安心してください。

そういう意味では、常に笑顔でいるのと同様に、人のポジティブな要素を見つけるのもまた、努力を続けているうちにできるようになります。

「こういうところがこの人の良いところだな」と気づいたら、すかさず本人に、自分の言葉で伝えるようにしましょう。

それと同時に、ネガティブな言葉は使わないように心掛けます。ですから、メンバーに対して、「そういうところがダメだよね」「それができていないよね」などと良くないところやできていないことを指摘するような〝ダメ出し〟はしません。

もちろん、リーダーという立場にある以上、メンバーに対して時には伝えにくいことを伝えなければならない場合もあります。そういう時には、どのような言い方をすれば相手が受け入れやすいのかを十分考えます。

基本は、「どんなこともポジティブワードに変換」です。

たとえばメンバーに対して、「この人は他のスキルに比べてコミュニケーションスキルが低い」と感じたとしても、それをそのまま本人に伝えたりはしません。「あなたはコミュニケーションスキルをもっと磨くと、今よりさらに仕事の幅が広がりますね」と、ポジティブな表現へと変換して伝えるようにします。

メンバーに対してネガティブな言葉を言わないようにするには、仕事の場だけでなくプライベートも含めて、日頃から自分でもできるだけネガティブな言葉を使わないようにするのが有効です。

たとえば「園部さん、忙しそうですね?」と聞かれても、「いえいえ、充実していますよ」と笑顔でポジティブなワードに変換することを意識してます。

相談しやすいリーダーは、人の話をちゃんと聴いてくれる

あなたが誰かに話しかけたいと感じるとき、それはどんなときでしょうか。その人があなたの話をちゃんと聴いてくれるからではないですか？　話を聴いてもくれない人に、わざわざ話しかけたくないですよね。

リーダーも同じです。メンバーが「このリーダーなら、私の話をちゃんと聴いてくれる」と感じるからこそ、話しかけたくなるのです。

ビジネスコミュニケーションの本などにも、ビジネスを円滑に進めるためのノウハウとして、よく「傾聴」という言葉が取り上げられています。

「人の話を聴く」というのは、コミュニケーションの基本です。

リーダーは、メンバーの話をただ聴くだけではなく、メンバーが気持ちよく話し続けられるように、「あなたに関心がありますよ。話を聴いていますよ」と感じてもらえるようなリアクションをする必要があります。

ですから、メンバーが十分話してすっきりしたと感じるまで、頷いたりあいづちを打ったりします。

「話を聴いてもらえた」と感じられた経験は、メンバーの表情や態度に表れます。表情や態度が明るく、生き生きしたり、「話を聴いてもらえてよかったです」「次の報告ができるのが楽しみになりました」といった感想を口にするようにもなります。

メンバーの話を聴くときの表情は、先にも述べた通り、もちろん笑顔です。笑顔がメンバーに安心感を与えてくれます。

それから、メンバーの話を否定するような態度や言葉は出しません。

その点も、先に述べた「ネガティブな言葉を口にしない、ダメ出しをしない」というのと同様です。

メンバーが「この人なら私の話を受け止めてくれる、気持ちよく話すことができる」と思って安心できるように、上下関係を感じさせないフラットな態度を心掛けます。

相談しやすいリーダーは、パワーワードを口にする

ただメンバーが相談に来るのを待つだけでなく、定期的にメンバーとコミュニケーションを取るための時間を作ることも大切です。そうすることで、リーダーとメンバーの間に信頼関係もできていきます。

そこで、たとえば「毎週○曜日、○時から一人20分間」と決めて、一人ずつコミュニケーションを取る時間を設けます。いわゆる「1on1（ワンオンワン）」です。

一般的に1on1というのは、上司と部下が一対一で行う定期的な場のことを指します。一対一の場といっても、上司が部下の評価を行う人事考課面談とは根本的に異なります。

上司と部下が対話を繰り返し、コミュニケーションを取るという形を取ります。

この〝対話を繰り返す〟という点がポイントです。部下の気づきや問題解決につなげることができるからです。

定期的に行うといっても、月に1回、2回などその頻度は人によって、あるいは企業によってさまざまです。私の場合は、週に1回、同じ曜日と時間に一人20分と決めて、議題があってもなくても、1on1を必ず行います。

この時、現在の仕事の進捗と、次週に何をどこまでやる予定なのかをざっと確認しますが、それが主目的ではありません（1on1の具体的な方法については、次の4章で詳しく説明します）。

いったん覚えておいていただきたいのは、この時間は、リーダーのための時間ではなく、あくまで**メンバーのための時間**だということです。

一般的な1on1でも、対話の中では、主に部下が自分の話をするものとされています。私は、全面的にメンバーが、リーダーに話を聴いてもらう時間であるという考えです。

この時間をリーダーからメンバーへの仕事の確認・指示に使ってしまったら、それはリーダーのための時間になってしまいます。

そうではなく、リーダーがメンバーの話を十分聴くことが重要です。

メンバーが今現在困っていること、悩んでいることを聴いて、問題があれば先ほど述べたように対話を重ねて一緒に解消し、メンバーが再びモチベーション高く次の1週間の仕事に取り組めるようにします。

このような目的なので、けっして堅苦しい雰囲気にはしません。いつもの笑顔、明るくフランクな話し方で対話をします。改まった表情で「何か問題がありますか？」と質問されても、人はそうそう答えてはくれません。そこで、

「今、気になることがありますか？」

と、表情から言葉まで柔らかい雰囲気で質問をするのがポイントです。

1on1は、メンバー一人ひとりと個別にコミュニケーションを取れる機会なので、それぞれに合わせた言葉づかいをするのがもちろん理想です。

ただ、この「今、気になることがありますか？」というのはほとんどのメンバーを思わず話したい気持ちにさせるパワーワードです。

これがたとえば、先ほども例に出した「何か問題がありますか？」という質問では、「問題＝良くないこと」というイメージが先に立ってしまって、メンバーがいかにも

発言しづらくなります。

「気になること」という質問であれば、仕事からプライベートまで、あるいは極めて個人的なことからチーム全体、会社全体のことまで、何でもOKという雰囲気を出せます。ですから、メンバーが困っていること、悩んでいることを幅広く引き出す力があります。

「今、気になることがありますか？」という質問は、1on1だけでなく、日頃の職場での会話、メンバー全員が集まる会議の場などでも使えます。

相談しやすいリーダーは、自分をアップデートする

相談しやすいリーダーとして、どのように自分のスタイルをつくっていくのかを、ここまでお話ししてきました。

しかし、ある程度自分のスタイルができたら、それがゴールというわけではありま

せん。さらに磨きをかけていくことができます。

さまざまな人と仕事をする中で、新たに「この人は素敵だな。一緒に働きたいな」と自分自身が思う人を見つけたら、「この人の特徴は何だろう。なぜ一緒に働きたくなるんだろう」と考えてみることです。そして、**その特徴を言語化**します。

その特徴が自分には足りていないところなら、また新たに真似をして自分のスタイルに採り入れてみます。

こうした行動を繰り返していると、いずれそれがクセになり、完全に身につきます。

そして、常に自分をアップデートし、周囲からそれまで以上に「一緒に働きたい」と思われるリーダーになっていくことができます。

相談しやすいリーダーは、「人に関わること」を丁寧に行う

あなたは、メンバーとのコミュニケーションをどう捉えているでしょうか。

おそらく、多くの人が「メンバーとのコミュニケーションは重要だ」と、当たり前のこととして考えていると思います。

しかし、私の肌感覚では、メンバーとのコミュニケーションを**〝丁寧に〟行っているリーダーは、思ったよりも少ない**と感じています。

この、〝丁寧に〟というところが大きなポイントです。この場合の〝丁寧に〟とは、当たり前のことを一つひとつ、時間を割いて、キメ細かく行うことを指しています。メンバーとのコミュニケーションだけでなく、人に関わることすべてに対して丁寧に行うのが、リーダーの資質の一つです。

仕事には、**重要度が高いのに緊急度が低い仕事**があります。

たとえば、コミュニケーションや人材育成などが、それに当たります。

ですが多くの人は、重要度が高かろうが低かろうが、そこにはあまり目を向けず、**緊急度の高い仕事を優先させてしまいがち**です。「メンバーの話を聴くより先に、まずは、至急の問い合わせメールに返信しなければ」という具合に。

そのため、メンバーに対する対応が後回しになってしまいます。すると結果的に、メンバーは、**「自分はリーダーから雑に扱われている」**つまり、**「大切にされていない」**

と感じてしまうのです。

私がどんなに忙しくても、１ｏｎ１を１週間に一度と設定し、その時間を削らないのは、リーダーにとってメンバーとのコミュニケーションが、緊急度が低くても重要度が極めて高い仕事だと認識しているからです。

もし、その時間を削ったらどうなるでしょうか。さすがに１ｏｎ１の時間は削らないまでも、私にも今まで、忙しくてつい、メンバーへの対応が雑になってしまったことがあります。そうすると、必ず何かしらのほころびが出てきました。

たとえばチームの雰囲気が悪くなるとか、メンバーの元気がなくなる、対応がスムーズでなくなる、悪くなるなどです。

これらは、一気に大きなほころびとして出てくるわけではありません。徐々に表れます。ですから、**早い段階で気づいて、対策を講じることが必要です**。

これを怠ることによって、大きなほころびとなり、最悪の場合にはチームが崩壊することもあり得ます。そうなると、リカバリーには大変な時間と労力がかかります。

そこで気づいたら、すぐにフォローが必要です。

元気がないメンバーや怒っている様子のメンバーには、「30分、時間をもらえないですか？　1on1をしましょう」と言います。

あるいは、「最近元気がないように感じますが……」と声をかけます。

コミュニケーションについてだけではなく、人に関わることすべてにおいて丁寧さを心がけることが必要です。この後にお話しする「メンバーの認識を揃える」こともそうですし、プロジェクトメンバーの募集を行う場合も同様です。

第2章で、私がプロジェクトメンバーを募集する際、事前のリサーチや関係者への説明を丁寧に行ったうえで、各部署から人を出してもらえるようにお願いする話をしました。

これがもし、雑にメール1本で「誰でもいいので一人、次のプロジェクトチームのメンバーとして人を出してください」という募集だったらどうでしょうか。

そのメールを受け取った各部署のリーダーは、「ただでさえ人が足りていないのに」としぶしぶ対応することになります。

そのような依頼では、やる気のあるメンバーに来てもらうことは、難しくなるでしょう。

また、そうして声をかけられたメンバーが、高いモチベーションを持つことは難しいのではないでしょうか。

人に関わる仕事では、とにかく捌かず、一つひとつのコミュニケーションに高い優先度で取り組まなければ、後々いい結果には結びつきません。

この「優先度を高くする」ということが、「丁寧に行う」ということなのです。

〈キーポイント②〉メンバーに「自己決定感」を持ってもらう

目標やＴｏＤｏはメンバーと決める

第1章でもお話ししましたが、人に言われたからやるのではなく、自分で決めて自発的にやっているという「自己決定感」が、モチベーションに大きく影響します。

それは、部署やチームの目標、具体的にどんな業務を行うかを決めるところからはじまります。

まずは会議を設定し、そこで目標の設定、業務の洗い出しをメンバー全員で行います。具体的には、次のような問いをメンバーに投げかけて、その答えをメンバー全員から出してもらいます。

①部署・チームの役割・提供価値は何か
②3年後、この部署・チームがどうなっていたらいいか
③今期は具体的に何をやればいいか

その際、これも第1章で少し触れましたが、「KJ法」という手法を使うと有効です。「KJ法」というのは、考案者である日本の文化人類学者・地理学者の川喜田二郎・東京工業大学名誉教授の頭文字を取って名付けられました。川喜田氏が研究の際、データをまとめるために使った方法で、データの一つひとつをカードに記入し、グルーピングしていくというものです。

会議ではメンバー全員がそれぞれ、問いに対する答えを正方形のふせんに書き出します。時間を決めて、いくつでもいいので思いついたアイデアを、1枚のふせんに1

項目ずつ書き出します。オンラインでの会議や1on1の場合、ふせんではなくチャットでも構いません。

全員が書き出したものを集めて、共通点があるもの、似ているもの同士を一つのカテゴリーとしてまとめ、グループ分けをします。

そして、それぞれのグループにタイトルをつけ、それを皆で見られるようエクセルにまとめます。まとめる作業はリーダーが行います。

この手順を、事例に沿って詳しく説明しましょう。

121ページの図を見てください。「コミュニケーション課題」をテーマに、メンバーの意見を引き出すために行った「KJ法」の例です。

まずメンバー全員に、コミュニケーションで課題だと感じていることをふせんに書き出してもらいます。書き出してもらったふせんを内容と共通点などからグループに分けます。すると、8つのグループに分かれました。

その上で、それぞれのカテゴリを一言で表すタイトル考え、Ⓑのセルに入力していきます。

さらにわかりやすくするために、8グループの中でも似ているもの、近いものはまとめて、5グループにまとめました。その5グループについても、Ⓐの部分に大きなタイトルをつけて示しています。

これはアイデアだけでなく、組織やチームの数年後の目標や今期やるべき業務についても活用できます。同様にKJ法を使ってメンバー皆で意見や要素を出して書き出し、エクセル上で表の形にまとめるのです。

こういった形にまとめることで、具体的な内容が言語化・可視化されるので、全員で齟齬なく共有できます。

〝特定の人の意見〟で進めず、必ず〝全員〟から意見を引き出す

目標や具体的な業務内容を決める際、最も大事なのは「必ず全員が参加すること」です。

「KJ法」活用事例

	コミュニケーションの課題を洗い出す							
Ⓐ	場がない・雰囲気			略語が多い・用語の統一	部署間の課題		顔と名前の不一致	システムのアクセス権の制限
Ⓑ	先輩に話しかけにくい	雑談しにくい	相談の場がない		部署間の情報共有・交流不足	グループ内の業務内容の認識不足		
	忙しい人に話しかけづらい	職場が雑談しにくい雰囲気	気軽に相続できる場がない	略語が多い	部署間の情報共有が少ない	同じフロア内でも業務内容を知らない人がいる	顔と名前が一致しない	システムが制御されていて情報が取れない
	先輩たちがかなり忙しそうで話かけにくい			用語の統一がされていない	他部署から伝わるべき情報が伝わってこない		みんなで集まって自己紹介をする機会がなかった	
	仕事中の先輩に声をかけづらい			共通の認識がないため、会話が噛み合っていない	他部署の人の動向が全くつかめない			
	気軽に話しかけられる関係性ができていない				他のグループや他部署との関わりが少ない			
	忙しい人が捕まらない				他のグループとの情報共有がうまくいっていない			
					他のグループの進捗がわかりづらい			
					現場とスタッフ部門の交流が少ない			
					チームをまたぐとかかわりが薄すぎる			

「KJ法」では全員が書き出したものを漏れなくまとめるので、その結果、表ができ上がると、**メンバー全員が「自分も参加して決めた」という意識を持てます。**

この**「自分も参加して決めた」目標であり、具体的な業務内容であるということが、「自己決定感」を持つためにとても重要**です。

この時、一つひとつの業務内容を完璧に洗い出す必要はありません。

メンバー全員が「確かにこの業務は必要だ」と納得し、「具体的に何をすればいいのか」がわかるように言語化・可視化できていればOK。その完成度は、**100点満点の80点で十分**です。それで部署・チームの仕事は進められます。

もちろん、メンバー全員から集まったふせんによって、すべての業務内容が洗い出されているなら、それに越したことはありません。ですがここでは、あまり細部にこだわり過ぎると仕事が止まって先に進まなくなります。

とはいえ、30点の完成度では、ヌケやモレが多過ぎて、これもまた仕事に支障をきたします。ですから、80点の完成度で進めていくくらいが、ちょうどいいのです。

くれぐれも、完璧を目指して泥沼にはまることがないようにしてください。

また、仕事を進めていく中で、何かアイデアを出して物事を決めなければならないことが生じた場合にも、できる限りその仕事にかかわるメンバーに議論に参加してもらいます。

メンバー全員が常に「自分も参加して決めた」と感じられることが、その後のモチベーションを高めてくれるからです。

どの業務を担当するかは、メンバー自ら選択してもらう

具体的な業務の洗い出しができたら、次にどの業務を誰が担当するのかを決めます。その際もできる限り、メンバーの意見・希望を尊重します。

メンバー全員に「私はこれを担当したい」と希望を教えてもらうのですが、それぞれ希望する業務は不思議とばらばらになり、どれか一つに集中することはめったにありません。メンバーそれぞれに個性や好み、得意なことが異なっているというのが、理由の一つです。

もし一つの業務に複数人の希望が出れば、そこはリーダーが間に入って調整をします。リーダーは、メンバー全員で分担を決めるミーティングを行う際、あらかじめ「それぞれに希望の業務を担当してもらうけれど、もし希望が被ったら、私が調整させてもらいますね」とことわっておくことが大事です。

たとえば、ある企画を立てるⓐという業務があるとします。一方、何かの情報を整理するⓑという業務もあります。一人一業務ずつ担当するとき、ⓐを希望する人が二人いて、ⓑを希望する人が誰もいないという場合を想定しましょう。

この場合には、ⓐを希望している二人のうちどちらかを、ⓑへと振り分けなければなりません。しかしどちらも「ⓑはやりたくない」と思っていたとしたら、不満が残ってしまいます。

このような調整を行うには、実はコツがあります。メンバーに担当したい業務の希望を出してもらう際、やりたい業務を二つまで選んでもらうことです。

加えて、これ以外ならどれでもいいというものがあれば、それも聞いておきます。

そうすると、「私はこれかこれをやりたい」「私はどの業務でもＯＫ」「私はこの業務以外ならどれでもＯＫ」といった答えが出てきます。それらの希望を合わせていくと、ほぼ全員が希望どおりの業務を担当するように最後は収まりがつくものです。先ほどのⓑの業務は、第2希望までにⓑを挙げていた人か、あるいは「どの業務でもＯＫ」と言っていた人に担当してもらえば問題ありません。

ここで、「皆はどの業務を担当したいですか？」という単純な問いかけをするからややこしくなるのです。問いを受けたメンバーたちは、自分の担当したい業務をどれか一つだけ選んで答えなければいけなくなります。そしてあたかも、選んだ一つ以外の業務は、やりたくないように映ってしまうのです。

先ほども述べたように、問いかけさえ上手に行えば、メンバーそれぞれの希望の範囲に収まるように調整できます。結果的に、全員が自分の業務を自分の希望によって選んだ形になりました。

このようにして、メンバーに自分の業務を自ら選ぶ機会を与えることが、「自己決定感」のためにとても大切です。

そしてもう一つ、大切なことがあります。

それは、「自分で希望したのだから、キッチリやれよ」という空気を出さないことです。

もちろん自分の担当業務は責任を持ってやってほしいのですが、だからと言って本人がプレッシャーを感じるようではモチベーションが上がりません。

ですから、「大丈夫、あなたの後ろにはリーダーである私がいつもついてるよ」というスタンスで、**メンバーに安心感を持たせる**ことです。

リーダーにとっては、メンバーを成長させることも仕事のうちです。

しかし、メンバーに「失敗したらどうしよう」という不安な気持ちを持たせてしまうと、できるだけ規模が小さく、簡単そうで、確実に自分ができる業務しか選べなくなってしまいます。

チャレンジしないことには成長もありません。ですからメンバーが安心してのびのびとチャレンジできる環境を整えることです。そのためにもリーダーは、「チャレンジだから、失敗してもいい。大事なのは失敗から学ぶことはたくさんあるしね」と、メンバーの背中を押す空気をつくることが重要です。

〈キーポイント③〉
メンバーの認識を丁寧に揃える

メンバー全員が〝同じイメージを持っている〟を基準にする

どんな部署・チームにも、会社から課せられたルールやミッションがあります。どんなにメンバーのモチベーションを上げたとしても、まずはそうしたルールやミッションをメンバー全員が理解していないことには、会社から求められている成果は出せません。

ですから、リーダーは基本となるルールやミッションをメンバー全員がしっかり理解できるよう伝えることが大切です。

同時に、リーダーとしての考えや方針も明確に伝える必要があります。

なぜなら、意外とリーダーによって方針が違うからです。「どんどんチャレンジしていこう！」という方針のリーダーもいれば、「とにかくミスなく確実に正確にやっていこう！」という方針のリーダーもいるかもしれません。

このようにリーダーによって方針の差があると思いますので、リーダーとしての自分は、どのような方針なのかをしっかりと伝えてメンバーが迷わないようにしてあげましょう。その上で目標や業務内容をメンバー全員で決めていきます。

そのプロセスでは、メンバー全員が、齟齬なく、**リーダーであるあなたと同じ認識を持っているかを一つひとつ丁寧に確認**します。

同じ認識を持つというのは、たとえて言うなら、皆が「同じ料理を作れる同じレシピを持つようなもの」だと思っていただければいいでしょう。

料理のレシピには「材料」と「作り方」が具体的に書いてあって、その通りの材料を揃え、その通りの作業をすれば必ず同じものができ上がるようになっています。

仕事について同じ認識を持つというのは、この料理と同じです。

基準は、「メンバー全員がこの部署・チームの仕事について、同じイメージを持っているかどうか」です。業務内容を言語化・可視化するのは、そのためでもあります。

人は、次に何をすればいいのかがわかっていると、自分に自信が持てて、モチベーションが上がるものです。

この話も、料理にたとえてみましょう。自分がいったい何の料理を作っているのか、メンバー全員が全体のプロセスを理解している状態が、すなわち仕事について同じ認識を持っている状態です。

そのプロセスの中で、メンバー一人ひとりが、自分はどの部分を担当しているのかがわかっていることが重要です。

自分の担当している部分がわかっているとは、たとえば料理で言うなら「自分はニンジンを洗って切るところまでやればいいんだな」という具合です。

そして、次の工程を担当する人は、そのニンジンを油で炒めるということも理解しています。

だからこそ、そのメンバーは、ニンジンをどこまで洗えばいいのか、どれくらいの大きさに切ればいいのかがわかります。

このように、**自分が何のためにこの作業をしているか、自分の作業を受けて、次の人が担当するのはどういう工程なのかがわかっていると、不安がなくなります。**それが自信を持って自分の仕事を担当している状態です。

ですから、次のアクションが明確になっていないメンバーとは、具体的なイメージが湧くまで、リーダーが質問を繰り返し、丁寧に本人のイメージを引き出します。

メンバー全員が、〝誰が何をしているか〟を把握する

「隣りの人が何をしているのかわからない」というのは、いろいろな企業から職場の問題として挙がってきます。この問題は、リーダーがコミュニケーションの取り方を設計することで解消できます。

改めて118ページで述べたように、部署・チームの業務内容の洗い出しと、メン

バーそれぞれの分担を決める際は、できる限りメンバーに参加してもらいます。

ですから、誰が何を担当しているのかは互いに把握している状態です。現時点での進捗に関しても、エクセルで作成した進捗表を全員が見られるようにしておいて、隣の人が今何をしているのかがわかるようにします。

せっかく全員で目標を立てて、分担を決めているのに、部署・チーム全体の状況がわからないまま走っていてもゴールを目指せないからです。

部署・チーム全体の状況がわからなければ、自分が何をやっているのか、これから何をやればいいのか、隣りの人が何をやっているのかもわかりません。

この状態は、メンバーにとって、とても不安なものなのです。

今現在、誰が何をしているのか、目標に対して、部署・チームがどこまで近づいているのかを把握して初めて、メンバー一人ひとりが主体性を高められるのです。

メンバー一人ひとりの理解度に合わせて、表現の粒度を変える

仕事の上での指示の出し方には、

①具体的指示
②一般的指示
③方針指示

の三つがあります。「自己決定感」を大事にする場合、基本的には「この業務をこういう手順でやれ」というような細かい指示は出しません。

とはいえ、分担を決める会議や1on1の場で、次のアクションを互いに確認する必要はあります。

この三つは、「たとえば次週に何をやればいいのかを、どのメンバーにはどれくら

いの粒度で話せば、次のアクションを明確にイメージできるか」という指示の出し方の指標です。

具体的指示は最も粒度を細かく表現することを指しています。

たとえば料理のレシピで言うなら、「野菜を洗うにはまず蛇口をひねって水を出す。水はこのくらいの勢いにする」というような、細かい表現をする必要がある場合です。

次の一般的指示は、具体的指示と方針指示の中間です。粒度の大きさもちょうど中間です。

方針指示は、粒度が大きく、ざっくりした表現を指します。

これも料理のレシピで言うなら、「野菜は洗って下処理をしておく」と言えば、具体的に何をすればいいのかがきちんとイメージできる人向けです。

つまり、経験が十分あって、多少抽象的な表現で指示を伝えても、仕事の手順を理解している人が対象です。

三つの中では、一番裁量が大きく、自由度が高いとも言えます。

次のアクションについて明確なイメージがなかなか持てないメンバーには、より粒度が細かく、具体的な表現をします。

一方、方針さえ決まれば後は自分で勝手にサクサク進められるメンバーには、粒度が大きく、大まかな表現で十分です。

メンバーの評価は、加点主義で行う

メンバーに対して、リーダーとしての自分の方針をしっかり伝えることが必要であることを先にお話ししましたが、評価の方針についても同様です。

メンバーを成長させるためには、チャレンジしてもらう必要があります。

そこで、普段から「チャレンジする人ほど評価する。たとえ失敗したとしても減点はしない。むしろ失敗をおそれずにチャレンジしたことに対して加点する」ということをメンバーにはちゃんと伝えます。

ですから、チャレンジをして、**たとえ失敗したとしても、「いい経験をしたね」と、失敗を称えるくらいの気持ち**で、声をかけるのです。

そうすることでメンバーは、今まで経験したことのない業務や、少しハードルが高いと感じる業務にも、「このリーダーがいてくれるなら、ちょっと不安があるけど思い切ってチャレンジしてみようかな」と考え、安心して取り組むことができます。

なじんでくれないメンバーには、本人の希望を聞く

部署やチームのメンバーの中に、時には一人だけ、皆と合わせるのが苦手で他のメンバーになじめないという人がいる場合があります。

その場合は1on1で本人は何がしたいのか、希望を聞きます。

この場合にする質問には五つのパターンがあります。

①今まで経験した仕事の中で、やりがいを感じたのはどういう仕事か

②今まで経験した仕事の中で、嫌だったとか苦手だったのはどういう仕事か

③3年後は、どういう仕事をしていたらいいと思うか
④3年後は、どういう仕事をしていたら嫌だと思うか
⑤今現在、気になることは何か

この五つの質問に対する答えを踏まえて、仕事の分担を決める際には「あなたはどの業務をやりたいの？」と質問をします。

他のメンバーになじめない人というのは、リーダーがある程度強く、いろいろなことを決めるプロセスに巻き込んであげないと置き去りにされてしまいがちです。

その点、全員参加の会議であれば、必ず全員で何かを決めるプロセスに参加させることができます。

そこでは他のメンバーと同じようにその人にも発言を求めます。

もし、あまりにも目立って一人だけ浮いているように感じれば、やはり1on1で丁寧に次のような質問をします。

「この仕事にはあなたが何か気になることがあるように私は感じたのですが、

思い過ごしでしょうか。もし気になることがあるなら、一緒に解消していきましょう」

とにかく、相手の扉をノックし続けることです。

さらに、全員で分担を決めたのに、自分の担当業務をやろうとしない、あるいは最低限の業務をこなすだけでチャレンジしようとしない、といった場合には、人事考課の面談で、「このままだと将来活躍の場が少なくなる可能性があります」ということをはっきり伝えます。

その際はもちろん、言葉を選び、言い方にも配慮して、誠実に対応するように心掛けますが、やはり現実を正確に伝えることは必要です。

その上で、リーダーから「将来はどうなりたいですか？」と質問したときに「よくわかりません」という答えが返ってきたら、「ちょっと考えてみてくれますか？　また次回、話しましょう」と言えばいいと思います。

あるいは「どうしたらいいでしょうか？」と逆に質問される場合もありますが、その時は「あなたはどうしたらいいと思いますか？」とさらに訊ねて、自分で考えてもらいます。

ただ、この場合は本人に「今のままではダメだな。何とかしたいな」という思いがあるからこその反応ですから、一歩前進と考えていいでしょう。

第4章

チームの「空気」を一瞬で変えるリーダーのひと言

変化をもたらすリーダーの1on1とは？

ここで、2章、3章でも触れてきた、メンバーのモチベーションを上げる1on1についての実施方法やポイントについて、改めてお話ししましょう。

1on1は「1on1ミーティング」とも呼ばれています。一般的には、定期的に実施される上司と部下の一対一のコミュニケーションの場のことを言います。

対話により進められることが基本です。

部下が自分で経験したことや考えたことを上司と話し合い、それをもとに上司が部下の成長を支援することを主な目的としています。

そのため、**社員の成長を促すことを目的としたコミュニケーションの手法**として、多くの企業が採り入れるようになりました。日本では、ヤフーが2012年にこの手法を採り入れたことが話題になり、一躍有名になりました。

私も本を読んだり、ビジネスパーソン向けのスクールで学ぶ中でこの手法に出会い、自分でも採用し、何度も繰り返しながら自分の1on1スタイルをつくってきました。

新米リーダーや1on1未経験のマネージャーが実施する場合、最初から思い描いた通りのコミュニケーションを取るのは難しいと思います。

ですが、何度も繰り返すことで自分なりのスタイルができるはずです。

1on1は、部下のための時間

前章でも少しお話ししましたが、1on1は、リーダーとメンバーがコミュニケーションを取る場です。あくまでメンバーのための時間であって、リーダーのための時間ではありません。メンバーが気持ちよく仕事を進めるために何かを得る時間です。

ですから、1on1では、進捗が遅れていることについて指摘したり、お説教をするようなことは、決してしません。

×場当たり的な1on1　○定期的な1on1

1on1は、「時間ができたから実施する」というような場当たり的なものではなく、定期的に実施するものです。

「リーダーがどんなに忙しくても、毎週金曜日、9時からの20分間は、あなたのために時間を取っていますよ」

定期的な1on1には、リーダーからメンバーへの、**「あなたのことを大切に扱っています」**そんなメッセージも含まれていると考えていいかもしれません。

議題があろうがなかろうが、定期的に必ず実施します。

時間は20分くらいが適切ですが、互いの関係性がある程度できて、1on1に慣れるまでは30分ほどかかるかもしれません。双方が1on1に慣れて、どんなことを話せばいいのか、何をやるかが理解でき定着すると、15分程度で終わるようになります。

ゴールは、メンバーの「来週が待ち遠しい」

1on1で目指すのは、メンバーの「リーダーに話を聞いてもらえてよかった。来週もこの時間が待ち遠しい。早くまた話を聞いてもらいたい」という状態です。

リーダーがメンバーの話を十分聞く時間ではありますが、時間が長すぎるのは望ましくありません。「ああ、もう終わってしまった」と少し残念に思うくらいがちょうどいい長さです。

そして1on1は、時間より頻度が重要と言われています。時間を長く取るよりも、週に1回などのペースで、定期的であることの方が重要です。

「週報＋1on1」でメンバーの変化をフォローする

メンバーの自己決定感を大切にしてモチベーションを高める。リーダーが効率的にメンバーの進捗確認と問題解決、関係性の構築を行う。この両方を兼ね備えた1on1が、エクセルによる〝週報〟で可能になります。

まず簡単に、このエクセルをどう1on1で活用するかをお伝えしましょう。

あらかじめ、個々のメンバーがエクセルの週報に「来週やること」を書き込み、リーダーは、それに目を通しておきます。このエクセルを見ることによって、メンバーが今どれくらい自分の仕事や目標を理解しているかがわかります。

人財育成業務（weekly report）

項目					青：順調 黄：心配 赤：助けて	2023年10月1日～7日		2023年10月8日～14日	
区分			担当	今期の目指す姿		今週のゴール（計画）	活動結果（実績）	今週のゴール（計画）	活動結果（実績）
人材育成	全体設計	年間教育計画策定	鈴木	経営課題に連動させ、中長期視点での育成計画を立案する	（青）	各事業部の部門長クラスにヒアリング（目標4名）	5名に実地		
		予算策定・確保	〃	昨年予算比より5%削減する	（青）	今週活動予定なし			
	研修企画	階層別研修	山田	○○層への研修を実施し、参加率80%以上を目指す	（青）	研修会社調査→レポートにまとめる	3社と面談実施。比較表作成完了		
		営業研修	〃	顧客ヒアリング力を向上させる研修を企画する	（黄）	具体的な研修内容を整理しレポートにまとめる	レポート未完成		
		○○研修	〃		（青）	今週活動予定なし			
	事務局運営	会議室予約	木下	オンラインも並行活用し、会議室を○○%削減する	（青）	今週活動予定なし			
		名簿・出欠管理	〃	出欠管理を通じて、参加率95%以上を目指す	（青）	今週活動予定なし			
		開催通知作成	〃		（赤）	開催通知のひな形を作成する（パターン別に）	活動未実施（進め方に迷ってしまった）		

それをベースに、1on1でメンバーに質問や声かけを行います。

そもそも、メンバーに自己決定感を得てもらうためにも、自ら仕事を回していけるようになるためにも、それぞれにセルフマネジメントができるようになる必要があります。そのためのしくみが、この1on1でもあります。

まずはメンバー全員分の担当業務を洗い出し、一つひとつのタスクを分解。それぞれに見出しを入れて、簡単なステップにするとわかりやすくなると思います。

それらをエクセルにまとめるのですが、エクセルに限らず、部署やチームの皆が使いやすいものならどのアプリケーションを使ってもOKです。

そしてメンバーにはそのエクセルに毎週、週報を書き込んでもらいます。

週報は週末の金曜日、何時までに記入するというルールを決めておくといいでしょう。記入してもらう内容は、

①今週は何がどこまで進んだか
②来週は何をどこまで進めるか

の2点です。要するに週報には、仕事の進捗を書き込んでもらいます。

週に一度、メンバー一人ひとりからリーダーに、口頭で進捗を報告してもらう方法もありますが、それでは非常に時間がかかってしまいます。週報という形で可視化するとリーダーにとってもメンバーにとっても効率的です。

進捗を書き込む際には、状況によってセルに色を付けてもらいます。

順調な場合は青、気になることがある場合は黄色、助けてほしいことがある場合は赤とすると、フォローが必要な状況をひと目で把握することができます。

ここで大事なのは、2点目の**来週は何をどこまで進めるか**です。

実際に記入された内容を見ると、メンバーによってさまざまな状態が伺い知れます。「次週にやることを具体的に理解しているな」というものから、「アクションレベルに落とし込めていない」ものまでが見えてきます。

そこで、アクションに落とし込めていない人には、週に一度の1on1で、次週の行動が明確になるようにフォローするのです。

メンバーが自ら気づき、アクションを起こす「1on1トークスクリプト」

週報に黄色や赤で色付けをしているメンバーには、この後のSTEP1で紹介するパワークエスチョンで、何に不安を感じているのかを聞き出します。

リーダーは指示を出すのではなく、**あくまで質問をします。**もちろん解決策は一緒に考えますが、**本人に考えてもらう**のが基本です。

前の項目で触れた、アクションに落とし込めていない人への1on1でのフォローについても同じです。

では、4STEPで成り立つ、メンバーとの「1on1トークスクリプト」をご紹介しましょう。

STEP 1 洗い出す

まずは、メンバーから悩みや課題、仕事の引っ掛かりなどを出してもらう質問、

「今、気になってること、ある？」

です。プロジェクトの進め方、事務処理の仕方、人間関係、何かしら気になっていることはあるものです。ですから、

「何でもいいよ。できれば仕事のことでいこうか。気になっていることがあれば、1回全部出してみよう」

と言って、それらを洗い出します。

メンバーに気になっていることがいくつもあるようなら、

「いいね、いいね。いっぱいあるとやりがいがあるね」

などの言葉をかけて、話しやすい雰囲気に持っていきます。

ここで何を言っても否定されないという心理的安全性を担保しながら、話を引き出

すのがポイントです。

STEP 2 絞り込む

気になっていることを洗い出せたら、次は絞り込みをします。

「この中でどれが一番気になる？　なんでそれが気になるの？」

と、さらに質問をして話を引き出します。

この時メンバーは、今週最も悩んでいたことを話してくれるのですから、それを少しでも解消し、前向きになれるような言葉をかけながら聞いていきます。

たとえば、「○○さんとの人間関係に悩んでいます」とメンバーが答えたら、

「そうか、それは仕事がやりにくくなるね。どうすれば○○さんとの人間関係が良くなるか一緒に考えよう」

といった言葉をかけます。

STEP 3 可視化する

メンバーには良い状態になりたいとの想いがある中で、現在は良くない状態にあります。目指すところに対して、自分の現在地を明確にしてもらうため、

「〇〇さんの今の状態は、10点満点中、何点の状態かな？」

と、質問します。たとえば、先ほどのように人間関係の悩みを抱えているとしたら、

「〇〇さんと最高に仲が良くて何でも話せる関係を10点満点だとしたら、今は何点？」

となります。そして、ゴールを明確にするため、その10点満点の状態はどんな状態なのかも、メンバーに考えてもらいます。

「10点満点って、どんな状態だと思う？」

このように点数をつけ、今の状態が可視化され明確になると、10点満点までの距離や次のステップを考えるときに、イメージしやすくなります。

「1点でも2点でも点数を上げられるように、何ができるか一緒に考えよう」

と、問題解決へと導きましょう。

STEP 4

来週までにやることを決めて応援する

最後に、STEP3でイメージした点数から、1点でも2点でも上げるために、次の1週間で何ができるかを一緒に考えます。

これも、メンバーに考えてもらうのがポイントです。

「○○さんとの10点満点の関係に、1点でも近づけるようにするには、何をすればいいかな？」

「まず、元気に挨拶をしようと思います」「あと、その人がどういうことが好きで、何を大事にしているのか、観察して理解してみようと思います」「それから、1回相談に乗ってくださいと言ってみようかな」

と、メンバーができそうなことをいくつか挙げるのを聞いて、

「いいね」「できることは、たくさんありそうだね」

などとあいづちを打って話を引き出します。

そして、ある程度出切ったら、

「たくさんやれることがあるね」「今週、まずはどれをやってみる？」

とアクションに落とし込み、最後に、

「結果を、来週聞かせてね」

とポジティブに締めくくります。

これは、「言ったからにはやれよ」というスタンスではなく、あくまで「ムリはしなくていいよ。できるところまでやってみよう」と柔らかく背中を押して、応援するスタンスです。

アクションに対して、何かしらの結果があれば、メンバーはきっと、「早くリーダーに報告したい。次の１ｏｎ１が待ち遠しい」「次のステップを相談したい」という気持ちになるはずです。

時間がないリーダーにこそ、1on1は有効

1on1は、今では導入している企業も多いですが、上からの指示だからはじまって形だけ残り、あまり意味のない1on1を繰り返している場合も多いようです。

リーダーは多忙ですから、メンバーが多い場合、一人ひとりに時間を使うことに負担を感じている人も多いと思います。

しかし、ここまででも述べてきたように、変化をもたらす効果的な1on1を心がければ、費やした時間と労力以上のメリットがあるものです。

1on1を重ねていくと、メンバーは課題を幅広く挙げてくれるようになります。たとえば、自身の仕事はある程度順調に進められていて、今週は特に気になることがなかったとしても、職場全体を見て「ペーパーレスが進んでいないのが気になります」「組織が縦割りになってしまっていて情報の共有ができていないのが気になります」というようなことが挙がってきたりします。

また、いろんなメンバーからさまざまな話を聞くことになるので、職場全体の情報が自然と集まってくるようになります。そうした中で、同じ課題を複数のメンバーが挙げてきたようであれば、「それは○○さんも気になることとして挙げていたよ。○○さんとペアになって担当してくれるかな。最初だけ私がセッティングするから」という具合に、新たな課題解決へと結びつけていくことも可能です。

繰り返しになりますが、メンバーに自己決定感を持ってもらいモチベーションを高め、成長も促す。効率的に進捗確認、問題解決、関係性の構築を行う。それだけにとどまらず、リーダーが思ってもみない課題を発見し、解決に導く結果が出てくるのも、この1on1のメリットです。

経験を重ねて質問をブラッシュアップ

１ｏｎ１のコミュニケーションでは、どういう質問を出して、いかにメンバーの話を引き出せるかがポイントになります。

私自身は、本を読んだり、スクールへ通うなど、１ｏｎ１について勉強をした上で、実際に１ｏｎ１でどんな質問が適切かを試し、今のスタイルにたどり着きました。

気軽に何でも話をしやすくする、

「今、気になってること、ある？」

メンバーの気持ちを盛り上げて、話を引き出す

「いいねいいね、いっぱいあるね。やりがいあるね」

状態を可視化する、

「今の状態は10点満点で何点？」

を紹介しましたが、ただこの言葉を使いさせすれば、うまくいくとは限りません。

同じ言葉、同じ質問をメンバーに投げかけるとしても、表情、声のトーン、言い回しの軽快さ、身ぶりや手ぶりなど、いろいろな要素を総動員してメンバーが話しやすい雰囲気をつくっていきます。

もしスピーディーに自分の1on1スタイルを確立させたいのであれば、本書でビジネス書の読み方をご紹介したように、1on1に関する本を、何冊も読んでみることです。

私も1on1に関する本を、たくさん読みました。

中でも、私に最もインパクトを与え、一番勉強になった本として、『ヤフーの1on1　部下を成長させるコミュニケーションの技法』（本間浩輔／ダイヤモンド社）をご紹介しておきましょう。

そして、実際に1on1で試しながら、メンバーがどんな反応を示すか、表情がどのように変わっていくのかなどをよく観察し、反応を確かめることを繰り返してみましょう。

本音を引き出し、モチベーションを上げる魔法のコトバ

週ごとに目標をクリアしているメンバーへのフィードバックは？

リーダーが感じたことを素直に、笑顔でフィードバックします。

日本の企業ではとかく「目標は達成して当たり前」「いちいち言わなくてもわかるだろう」と考えがちですが、言葉にしなければ伝わりません。

「いいね」「すごく良かったよ」というシンプルな言葉で表現したり、「ありがとう」

と感謝を言葉にしたりします。

また、「○○さんが喜んでいたよ」「助かったよ」と実際に誰かの役に立ったということを伝えたり、「目標をクリアしたね、おめでとう」と賞賛することも、メンバーのモチベーションを上げてくれます。

特に目標を達成したタイミングでなくても、日頃から「字がきれいで読みやすいよ」「すごくいい質問をしてくれてありがとう」など、小さなこと、当たり前だと思われることでも、良いところを見つけたら、その場でフィードバックしましょう。

フィードバックは、「褒めない」が重要

「フィードバックの際には、メンバーを褒めよう」と書いてあるビジネス書がたくさんあります。しかし私は、**笑顔で、ポジティブな言葉を使ってフィードバックを行う**と考えていて、「褒める」という感覚はありません。

あなたは「褒める」という言葉から、どのような印象を受けるでしょうか。

「褒める」とは、国語辞典で調べてみると、もともと自分と同等か目下の人に対して使う言葉です。そのため、上の立場から下の立場の人に向かって「相手を評価する」というニュアンスが含まれます。

それは、**リーダーとメンバーがフラットな関係でコミュニケーションを取ることを目指している**私には、合わないと考えています。

もう一つ、「褒める」という感覚を持たない理由があります。誰かを一度褒めると、その相手は次から「もっともっと褒めてほしい」という気持ちを持つものです。そしてその気持ちは、**回を重ねるごとにエスカレートし、褒められなかった場合に不満を持つようになってしまいます。**しかし、メンバー一人ひとりに褒めてほしい人の褒めてほしいタイミングで褒め続けることはできません。

ですから、褒めるのではなく、あくまで**ポジティブフィードバック**を行います。

ポジティブフィードバックは、アイメッセージになるように言葉を丁寧に選びます。アイメッセージとは、「I＝私は…と思う・考える」という形で、自分の意見を伝える会話の手法を指します。

つまり、アイメッセージになるように慎重に言葉を選ぶとは、たとえば「こういう成果が出たのは、あなたが努力したからだと（私は）思います」「あなたが頑張ったから、他のメンバーにもそれが響いて、協力してくれたと（私は）感じています」という表現を使うことです。このように**自分自身が思ったこと、感じたことを丁寧にメンバーに伝える**ようにしています。

「アイメッセージ」を意識することで、リーダーとメンバーの関係は、上下の関係ではなく、フラットな横並びの関係になるというメリットがあります。リーダーは、メンバーと対等な目線で、自分の思ったことをきちんと伝えるのがいいと私は考えています。

メンバーがプレゼンテーションの練習を行う場面でも、同様です。プレゼンテーションが終わったタイミングで、他のメンバーがフィードバックを行う時間を作る際には、皆にこのように声をかけます。「皆で、○○さんに、ポジティブフィードバックをしましょう」。それは、「○○さんのプレゼンテーションで良かったところを、皆挙げてくださいね」という意味です。

また、もし何かを指摘する場合は、「○○がちょっと気になるかな」といった言い回しをします。他のメンバーにコメントを求めるときも「気になる点があれば教えてください」と伝えます。

メンバー一人ひとりに、その人の良いところを伝えるのはとても大切です。良いところがわかれば、その人のモチベーションが高まるからです。メンバーに対しては、ポジティブフィードバックを心がけるようにしましょう。

人のできていないところ、悪いところは目につきやすく、ダメ出ししたくなる気持ちはわかります。もちろん指摘することも大事です。

しかし繰り返しになりますが、それ以上に人の良いところに着目し、ポジティブフィードバックをしてあげてほしいです。

大きな目標を達成した時や、プロジェクトが成功したとき

これも、メンバーが週の目標を達成した時と基本は同じです。

日頃から良いところを探して、見つけたらすぐにフィードバックをしていれば、改めて特別な言葉をかける必要はありません。

ただ、大きな目標を達成したメンバーと改めてその仕事を話題にする場合は、

「その仕事、やってみてどうだった？」

「どんなところで苦労したか聞かせて？」

と、ヒーローインタビューをするような気持ちで話を聞きます。

メンバーにリラックスしてもらいたいとき

人は、緊張状態のときよりも、リラックスした状態の方がパフォーマンスが上がりますよね。そこで、私は**リーダーの発する空気を意識します。**

たとえば、服装をスーツではなくビジネスカジュアルにしておくとか、話し方を軽快な感じにするなどです。

言葉づかいで、メンバーに距離を感じさせないことも必要です。

ですが一方で、なれなれしくなりすぎないことも、また必要です。

親しみを表現し過ぎると、相手によって不快に感じたり、パワハラやセクハラを感じ可能性もあるからです。

基本は敬語で、ある程度関係性ができ親しみを表現しても良い関係になれば「どうなの？」「いいよ」といった言葉づかいをすることもあります。

職場の空気やメンバーとの関係性をよく見ながら判断するようにしています。

メンバーの本音を引き出したいとき

本音は言葉ではなく、声のトーンや表情、態度などに現れるものです。メンバーの本音が知りたい場合、それを見逃さないことが大事です。たとえば１ｏｎ１の最後、「今日の話はどうだった？　感想を教えて」

と質問したときに、「いいんじゃないですか」「話せてすっきりしましたよ」と言葉では言っていたとしても、

◎返答の声のトーンが低い
◎口調がぶっきらぼう
◎目を合わせようとしない
◎腕や足を組んだまま話している

こういった様子が見て取れれば、腹落ちしていないことがわかります。

大事なことは、**メンバーが腹落ちしているかどうか**です。腹落ちしていれば、その部署やチームで目標に向かっていくことに、協力をしてくれるからです。

そのためにも、まずはメンバーの様子を、しっかり捉えておくことが必要です。

メンバーの興味や関心を引き出したいとき

メンバーが興味や関心を持てない状態だとしたら、それには理由があります。

もちろん、もともと仕事に真剣に取り組むというスタンスを持っていない人である場合もあります。

しかし多くは、本来仕事には一生懸命取り組みたいと思っているのに、**何か理由があるせいで、目の前の仕事に対する興味や関心を削がれているのです。**

そこでまずは「これまでいっぱい仕事をしてきたと思うけど、どんな仕事が一番楽しかったか、ちょっと教えてよ」と質問します。

「楽しかった」だけでなく、「やりがいがあった」「充実感があった」「達成感があった」などでもいいのですが、とにかく今まで一番だった仕事についての話を聞いてみましょう。

メンバーから「この仕事が楽しかった」という答えが出たら、すかさず「なんでそれが楽しかったの？」と質問します。

すると「リーダーをやらせてもらったから」「自分の得意なこういうことをやらせてもらったから」「皆と一緒に成果を出せたから」など、その人が仕事にどのような価値観を持っているかが答えに現れてきます。

そこをすかさずとらえる感じです。

ただかしこまって質問だけしても、なかなか素直な答えが返ってきませんから、笑顔で、声の表情や身ぶり手ぶりも加えて、相手の気持ちを盛り上げるようにします。

時には軽く拍手をしたり、手ぶりでＯＫサインや〇をつくるような大きなリアクションも交えます。

その人の仕事に関する価値観がわかれば、どんな仕事にモチベーション高く取り組めるのかがわかるので、できるだけそれに近い仕事を自分で選べるようにリードしていきます。

メンバーがモチベーションを失ってしまったとき

何か原因があって、モチベーションを失っているメンバーについては、話を聞くことしかありません。そこで、

「どうしたの？　最近元気がないように見えるけど、私の気のせいかな？　何か私にできることはある？　話なら聞くよ？」

といった言葉をかけます。

もちろん、この時も表情、声のトーン、身ぶり手ぶりなどが大事です。

原因や課題が見えてきたら、通常の1on1と同様に、**それを解消する方法を一緒に考えていきます。**

まずは見て見ぬふりをしない。放置せず気に掛けることが第一歩だと思います。

メンバーがチャレンジしようとしないとき

基本的には、本人がチャレンジしたいのか、したくないのか、何を希望しているのかを尊重するというのが私の考え方です。

とはいえ、チャレンジしなければ仕事の幅も広がらない、スキルが上がらないといった結果を招くので、そうなった時に評価が下がったり、会社で生き残れなくなるといったリスクがあるようならそれを伝えます。

「チャレンジしなくていいの？　会社はチャレンジする人を評価する方針だから、もしかしたら将来的に活躍の場所がなくなったりしないかな。大丈夫かな」などとつぶやいてみましょう。目的は、**本人が本当にチャレンジしないままでいいのかを一緒に確認する**ことです。

それでもチャレンジしたくないということであれば、「チャレンジしない人生を選んで、どうやったら会社や部署に貢献できるか、一緒に考えようか」という言葉で、今後どうしていくのかを粘り強く一緒に考えてあげましょう。

少しでも「このままじゃいけない」「でも、チャレンジするのは不安」といった様子がメンバーに見て取れれば、それはそれで対処のしようがあります。

評価を加点主義で行うこと、チャレンジ自体を評価し、その結果が失敗でも、それは良い経験としてプラスにとらえることを改めて理解してもらいましょう。

それが、本人が殻を破ることにつながっていく可能性もあります。

メンバーに大きな成長を促したいとき

メンバーの年齢にもよりますが、20代、30代のメンバーには、

「まだまだいろいろな成長の機会と時間が残っているね。チャンスもあるだろうね。1年1年、目標を決めたほうがいいと思うよ」

といった、将来に向けて背中を押すような言葉をかけます。

もう少し年かさのメンバーには、
「時間は有限だから、1ゲーム1ゲーム、大事にしたほうがいいよ」
という言葉になるでしょうか。

私自身は、45歳で会社を辞めて独立しています。その際に考えたのが、通常は60歳が定年で、その年齢までは仕事をする体力があると仮定すると、あと15年で何ゲームの勝負ができるのかな、ということでした。何を1ゲームとするのかは人それぞれだと思います。私は、「ざっくり計算してだいたい1年で1ゲーム戦えるとしたら、残り15年なら15ゲームなのかな」とも思いました。

「1ゲーム1ゲームを大事に」というのは、そういった考え方から出てきた言葉です。

とはいえ、それはあくまでも私の生き方であり、価値観です。

私は、人に自分の生き方や価値観を押し付けたくはありません。メンバーの年齢がいくつであろうとも、その人の生き方や価値観を尊重したいと考えています。そして、その生き方や価値観を応援することがリーダーの役割だと思っています。

もしどうしても、あえてその応援の気持ちを言葉にするとしたら、**「あなたの生き**

方や価値観を、あなたは大事にしていますか？」という質問になると思います。そしてメンバーには改めて、自分が将来どのようになっていきたいのか、気づいてほしいというのが私の答えです。

メンバーに問題点に気づかせたいとき

気づきを与えたい時は、とにかく質問です。特に、このメンバーはその先にリスクがあることに気づいていないなあと感じたら、**「私にはこんなリスクが見えるけど、大丈夫かな？　心配なんだけどな。あなたにはどういうルートが見えているの？」**といった質問をします。自分の経験を交えて「前に1回、こういう危険なことが起こったことがあるんだよね」と話し、注意を引いたりもします。

とはいえ、リスクに気づかずに進んで躓くという経験を、メンバーにさせたほうがいいという側面もあります。その躓きからメンバーが何かを学ぶことができるからです。その学習効果を考えたら、リスクを冒さないようにして失敗を避けるより、よほど得るものが大きいと考えます。

リーダー自身が苦手な対応をしなければならないとき

一生懸命仕事に取り組んでいたメンバーが、思うような成果を出せずに、落ち込んでしまう時があります。実は、落ち込んでいる人を励ますのは、私の苦手な領域です。とはいえ、落ち込んでいるのがわかっているのに、そのメンバーを放っておくというわけにはいきません。リーダーが自分の苦手な対応をしなければならないとき、どうしたらいいでしょうか。

たいていの場合、リーダーが、メンバーに社運がかかったプロジェクトを丸々任せることはないと思います。ですからメンバーにはどんどんチャレンジしてもらい、小さな失敗を重ね、経験を積んでもらえばいいのです。思うような成果が出なくても、落ち込む必要はありません。私は、メンバーが落ち込んでいれば、励ますひと言のメモと一緒に、お菓子をその人のデスクにそっと差し入れていました。

果たしてそれが正解の対応なのかはわかりませんが、私としては精いっぱいの努力でした。メンバーから「私が落ち込んでいたとき、園部さんに励ましのひと言とお菓子をもらったのが嬉しかった」と言われたこともあります。それなりにプラスの効果があったということです。

私自身は、失敗して落ち込んでいる人に「大変だったね」などと声をかけると、どうしてもわざとらしくなってしまうと考えていました。逆に、落ち込んでいる人を元気づけるのが得意なメンバーもチームにいました。そういう人に「〇〇さんを飲みに連れて行ってあげてよ」などと声をかけて、協力を仰ぐという手もあります。

落ち込んでいるメンバーを励ますということに限らず、私にも苦手なことはあります。リーダーとして完璧になんでもできるというわけではありません。

ですから、苦手なことは、それが得意なメンバーを頼ってお願いしてもいいと考えています。リーダーだからと言って、何から何まで一人で抱え込む必要はありません。

ふだんからメンバーとのコミュニケーションが取れていれば、ごく自然に、メンバーに「これ、お願いできないかな」と頼れると思います。

いざというとき、**このようにメンバーを頼れるようにしておくためにも、日頃の丁寧なコミュニケーションが重要**ということです。

メンバーが計画通りに進められずにいるとき

これはストレートに**「何に困っているの？」と聞く**のがいいと思います。「どこでつかえているのか、教えてくれるかな？」といった質問をします。

自分が立てた計画を進められないのは、多くの場合、やる気があってもやり方がわからないことが原因です。

先に、仕事のプロセスを料理にたとえて説明しましたが、ここでも料理のレシピを実行する時と同じように考えてみればいいと思います。料理なら、まず材料を洗って切って、その材料を煮るなり焼くなりして、でき上がったら盛り付けをすると思いますが、仕事もそのように、細かいプロセスに分解します。そして、そのメンバーがわからなくて困っているのは、洗い方か、切り方か、煮方か、焼き方か、盛り付け方か、いったいどのプロセスなのかをメンバーとの対話で突き止めます。

メンバーが躓いている箇所がどこなのか突き止められたら、あとは「それじゃあ、そこのやり方を一緒に考えようか」と言うか、あるいは「そこのやり方は○○さんに相談してごらん」と適任者を教えるなどして、解決します。

メンバーが他責思考に陥っているとき

何か好ましくないことが起こった時、自分を責めるか、他人を責めるかは人それぞれです。注意しなければいけないのは、原因を他人のせいにしてしまう「他責思考」に、メンバーがなったときです。

原因を、自分でなく他者にしてしまっては、反省し成長することが難しくなります。

このように他責傾向がみられた場合、「そうだね、それも原因かもしれないね」と否定しないようにしましょう。

その上で、「自分に足りないことがなかった？」と、自分にも足りなかったことがなかったか、**気づいてもらうように問いかける**のもいいかもしれません。

メンバーから愚痴ばかりが出てくるとき

メンバーから、チーム内の仕事の進め方や、会社の制度のあり方に関して、不満な点を聞くことはよくあります。その不満が、解決可能な課題であるなら、リーダーとメンバーが１ｏｎ１で対話することで解決できます。

しかし、メンバーには解決に向けて何かアクションを起こそうという気持ちがまったくない場合もあります。だとしたら、その不満は単なる愚痴です。

愚痴だとわかっていても、自分のチームのメンバーですから、放っておくわけにはいきません。そこで、愚痴を言っているメンバーの話をいったん全部聞いて、「そうなんだ、苦労したんだね」と肯定します。

少しでも成果があったことには「これはすごいね、○○さんだからできたんだね」とフィードバックしましょう。そして「今回のこのプロジェクトではこういう仕事をやってもらうことになっているけど、できそう?」と確認するうちに、前向きな姿勢になってくれるという場合もあります。

しかし、単なる愚痴は対話してもなかなか解決しません。

愚痴を言う人というのは、ただ言いたい、聞いてほしいという場合がほとんどなので、とにもかくにも**しっかり話を聞いてあげること**です。

私自身は人の愚痴を聞くのは得意ではないので、人に寄り添うのが得意なメンバーを頼っています。先にも述べましたが、リーダーだからといって、すべてを一人で抱え込む必要はありません。

そもそもリーダーとメンバーは、社内のポジションとしては上下があるかもしれませんが、たいした差があるわけではないのです。メンバーに自分より優れているところがあるなら、遠慮なく頼りにしましょう。

メンバーから自身へのクレームを受け取ったとき

たとえリーダーが、常にメンバーのモチベーションを上げよう、気持ちよく仕事に取り組んでもらおうと思っていても、知らず知らずのうちにメンバーに誤解されていたり、傷つけてしまうということもあるでしょう。

まず、信頼できる誠実なリーダーでいるために、メンバーからのクレームがあったら、**それは逃げずに受け止めて向き合うことです。そして、自分に非があったと感じる部分があれば「申し訳なかった」「すまなかった」とすぐに謝ることです。**

基本、1on1は週に一度、計画的に予定を決めて実施すると先にご説明しました。

しかし、自分自身に対するクレームが耳に入った時は、定例の1on1を悠長に待っている場合ではありません。なるべく早く対処するのがいいでしょう。

「明日どこかで時間取れないかな。20分だけちょっと話せない？」と、すぐに1on1をセッティングします。

丁寧に謝罪すると同時に、どのような意図であったのかをきちんと説明します。

そして、悪気はなかったが配慮が足りなかったことについて改めて謝罪するといいでしょう。そのようにして、認識のズレを正すことは重要です。

メンバーが会社へのクレームを口にするとき

メンバーが会社に対してクレームを言う場合は、次の2通りが考えられます。

まず一つは、自分の仕事がうまくいっていない原因を、会社のせいにしてしまっている。

二つ目は、会社のビジョンや中長期計画をきちんと理解していない場合です。

まず一つ目の、自分の仕事がうまくいっていないのを会社のせいにしているケース。

これについては、通常の1on1の手法で、メンバーと対話して**仕事のどこがうまくいっていないのかを洗い出し、解決策を考えます。**

こういうとき、課題はメンバー自身にあるのに、会社にあるという話にすり替えてしまっているだけなので、本心から会社のせいだと思ってはいない場合が多いのです。

ですから、一旦、仕事がスムーズに進みはじめればクレームを言わなくなります。

二つ目の、会社のビジョンや中長期計画をきちんと理解していないケース。

この場合は、**会社に代わってリーダーが、そのビジョンや意図などの真の意味を**（もちろん、リーダー自身が明確に理解した上で）**噛み砕いて伝えます。**

その際に、楽しそうに生き生きと伝えるのがポイント。

メンバーがそれを理解できて、自分が何をやればいいのかがわかれば、納得して仕事に取り組むことができます。

しかし、理解してもなお納得できない、会社へのクレームが収まらないということもまれにはあります。その時は、「会社を誰かに変えてもらうことを期待するのは、難しいと思う。それより、自分でどうすれば会社を良くできるかを考えていこうよ！」と伝えます。

本当に会社のビジョンが納得できない場合は、「これからあなたがどうすればいいか、一緒に考えてみようか？」と原点に立ち返る問いかけをしてみてもいいかもしれません。

ピンチをチャンスに変える魔法のコトバ

メンバーが洗い出した業務内容では、目標を達成できないと判断したとき

メンバーに裁量を与えるマネジメントを行っている場合、一人ひとりのメンバーが取り組む業務内容についても、自身で洗い出しを行ってもらいます。

多くの場合は、そのまま、その業務に取り組んでもらうのですが、時にはどう見てもこのままでは目標を達成できそうにないという場合もあります。

そういう場合、まずはメンバーが洗い出した業務内容を「いいねいいね、すごくいいのが出てきたね」と認めてあげるところからスタートします。

そこから一つひとつ、どのように進めていくのかを一緒に確認します。確認しながら、「こうやってこうやって、こう進めるんだよね。あれ？　ここのところ、どういうふうに階段を登るのか、私にはよく見えないけど、どんな感じ？」とか、「こうしてこうしてこういうふうに進めたら、この辺でこういう文句を言う人が出てこないかな？　大丈夫かな？」などと質問してみましょう。

この質問によって何を意図しているのは、こういうことです。

手順の先に想定されるであろう、トラブルのもとになりそうな要素について、そのステップをなぞりながら話し、**どの段階に落とし穴がありそうなのかを察してもらえるように促します。**

たとえば、スケジュールの点で間に合わなそうだと感じたら、「あれ？　この部分は1週間で足りるのかな？」と訊いてみます。

リーダーから見て、メンバーの洗い出した業務内容では目標を達成できないと予測できるのは、リーダーには一つひとつ何をやり、それにどれくらい時間がかかるのかが見えているからです。

一方、メンバーにはそれが見えていないということです。

だからと言って、「なんだ、全然イメージできてないじゃないか」と言うのではなく、**一つひとつイメージできるように質問し、本人に考えさせて、一緒に業務内容とスケジュールをつくってあげる**ようにします。

それこそ、料理のレシピを一緒にチェックして、本当に料理が作れそうなレシピ、作れるかもしれないレシピではなく、実際においしい料理ができるレシピへと仕上げていく地道な作業です。

目標が高く、達成できるかどうかが危ぶまれるとき

目標が高く、達成できるかどうか危ぶまれても、それをやるしかないというとき、メンバーにこの目標はキツイことを、最初に実感させるのがコツです。

「スケジュールがかなりタイトだよね」「関係者が多いから調整に時間がかかるかもね」など、どうキツイのかをはっきり言葉にして伝えます。**どこにどんなリスクがありそうかも言葉にして、メンバーが注意を払えるようにしましょう。**

それらのことを予めメンバーが認識できていれば、メンバーにも覚悟ができて、丁寧かつ、スピーディーに仕事を進めていくようになります。

そうすることで、高い目標でも達成できる確率が上がります。

メンバーが目標を達成できないということが続いたとき

メンバーが目標を達成できないということが、何回も何回も続いた時は、まず「達成できない原因は何だろう？」と考えます。

計画自体に無理があったのか。それともリーダーの知らないところで、他の仕事を抱えていて、そのせいでいっぱいいっぱいになっているのか。あるいは、プライベートに何か原因があるのか。**ありとあらゆる原因を探ることからはじめます。**そして、原因を特定します。それができたら、解決策を考えることもできるでしょう。

メンバーにも「一緒に解決策を考えましょう」と伝えて、1on1を設定します。そこで、目標を達成できるように、目標設定、業務の洗い出しからまた一緒に考え直すのが得策だと思います。

会社のネガティブな決定事項を伝えるとき

せっかく部署やチームのメンバー全員で進めていたプロジェクトが、会社の方針で中止になったというような場合もあるでしょう。

この場合は、リーダーにもメンバーにも責任はなく、会社の方針ですから、それを淡々と誠実に伝えます。

「ちょっと伝えにくいんですけど、会社の方針でプロジェクトが中止になりました」

とか、「皆が頑張ってくれたのを知っているので、私もすごく残念ですが、事実として会社の方針でこのようなことが決まりました」というような伝え方をします。

メンバーに対して、**嘘をついたり、隠し事をしたり、取り繕うようなことはしません。**

ただ、会社というのはいろいろな力が働いて思わぬ方向に流されることがあります。そのリスクを見通せなかったということについてはリーダーにも多少の責任はありますから、「私の力が足りませんでした。申し訳ない」と謝ります。

リーダーにも悔しい気持ちがあるでしょうが、それをいちいち言葉にする必要はありません。

それは一緒に同じ方向を向いて走っていたメンバーなら、おそらく感じてくれるので、納得してくれると思います。

メンバーのミスでトラブルに発展したとき

メンバーのミスについては、それを責めたりはしません。ただ、トラブルが起こってしまった場合は、そのリカバリーをどうするのかをまず考えます。

その後で、初めてメンバーと向き合い、再発防止策を一緒に考えます。これが重要です。ミスを責めなくても、そのまま放置したり、うやむやに済ませてはいけません。

メンバーには「再発防止策を一緒に考えようよ。まず1週間で考えてきてくれるかな。来週また話そう」と言います。

基本は、**ミスが発生しにくいしくみをつくること**が大切です。

そのために、業務の流れをそれまでとは変えて、よりシンプルにしていく方向で考えたほうがいいと思います。

たとえば計算ミスの再発防止策であれば、計算過程をシンプルにできないか、テクノロジーを活用することで人の作業を減らせないかなどを考えます。

メンバーに話を聞いても、本音が出てこないとき

先にもお話ししましたが、職場ですからメンバーはそんなに簡単に本音を口に出したりはしません。

しかし、言葉で「いいんじゃないですか」「了解しました」というような納得の返事をしていても、表情や態度に「実は納得していない」というサインを必ず出しています。

そのサインとは、声のトーンが低い、言い方がぶっきらぼう、リーダーと目を合わせようとしないという態度になって出てきます。

それをすかさずとらえて、「今気になることがありますか？」というパワーワードで、**どこに納得いっていないのかを引き出します。**

メンバーが心を閉ざしてしまったとき

本来なら、メンバーが心を閉ざしてしまう前に向き合いたいところです。そのために、普段から笑顔の表情や、声のトーン、身ぶり手ぶりで、話しかけやすいリーダーというキャラクターをつくります。１ｏｎ１で定期的にコミュニケーションを取るようにもします。

しかし、ごくまれに、やはり心を閉ざしてしまうメンバーが出てしまうこともあります。その場合は、**他のメンバーと接し方を変えずに、同じように接します。**

どうしてもそのメンバーが、リーダーと合わないとか、その部署の仕事に合わないという時は、他の部署に活躍の場を見出すという方法もあります。環境が変われば、閉ざしていた心を開く可能性もあるからです。ただし相手先部門のこともありますし、部署異動は最後の手段位に考えておきましょう。

とはいえ、最後まで「ここで頑張りたいなら一緒に頑張ろうよ。どうしたい？」というような問いかけをします。できることなら一緒に頑張りたいという言葉もさり気なくその問いかけに含めながら、本人の意思確認をします。

これは正攻法とは言えませんが、このような手段もあるということを頭の片隅にいれておくことで、少しでも余裕を持って対応することができるでしょう。

メンバーに感情的になってしまったとき

当然のことですが、リーダーがメンバーに対して感情的になってはいけません。ですから、普段から、感情的な発言をしないように気をつけることが一番です。もし、つい感情的になってしまった場合は、立場に関係なくすぐに謝ることです。

人間なら誰でも、感情にのまれそうになることはあると思います。当然のことです。それでも、自分のチームのメンバーとは、できる限り冷静にコミュニケーションを取らなければなりません。

感情的になってしまう場合に限らず、すべてのコミュニケーションについて言えることですが、「こういうときは、こう言えばうまくいく」という魔法の言葉はありません。場合によって、相手に合わせて、熟慮の上、コミュニケーションを取るように心掛けるしか方法はないと思います。

メンバーが理屈の通らないことを言うとき

人は感情の動物です。もしメンバーが、理屈の通らない理由をあれこれと並べて「この仕事はできない」と言ってくる場合、その仕事には、メンバーにとって感情的に何か受け容れられない嫌なところがあると考えます。

その嫌なところとは何なのか、何をやりたくて何をやりたくないのか、どういう目的があって屁理屈をこねているのかを、まず対話によって探りましょう。

こういったことは、**言葉ではなく、表情や声のトーンに現れます。**対話をする中で、ある特定の言葉に苦しそうな顔をするようなこともあります。

それらの様子から、**本当は何をやりたいと思っているのか**をつかみます。

たとえば、「責任ある仕事をしたい」と言っているメンバーがいたとします。

そしてリーダーも、「それなら、ぜひこの人には、このプロジェクトで責任ある仕事を任せたい」と考えている状態です。

しかし、実際に「それでは今回、このプロジェクトに挑戦しませんか？」と水を向けると、あれこれと理由をつけてはプロジェクトに挑戦しようとはしません。

「そのプロジェクトには挑戦する価値があるんですか？」とか「そのプロジェクトじゃなくても、私が仕事ができることを証明できると思うんですが」等々、やらない理由をいろいろと並べてきます。

しばらく対話をしていると、実はこのメンバーが、プロジェクトで成果を上げる自信がないということが見えてきます。

そうした場合は、「プロジェクトで成果を上げるにはどうすればいいか、一緒に考えよう」と言います。

そして、プロジェクトの全体像を理解させるように説明したり、挑戦することがそれほど難しくはないと伝えたりもします。

このように、やりたくない理由の陰に隠れている本当の気持ちを探り当てて、それに対して解決策を一緒に考えていくということです。

勤務態度が改善しないとき

遅刻が多いとか、ルールを守らないなど、勤務態度が悪い場合は、他のメンバーにも悪い影響を与えるので、直してもらわなければなりません。それは本人にきちんと「直してください」と伝えます。

伝えるときに大切なことは、あいまいな記憶ではなく、しっかりとした記録にもとづいて指摘することです。「遅刻が多い」ではなく、今年に入って○回遅刻をしたと認識できるようにしておきましょう。

また改善されなければ、人事考課に反映させるのですが、低い評価をする際も、きちんと記録に基づき、本人に説明した上で改善を促しましょう。

それを伝えるためには、具体的にいつ、どのタイミングで態度が悪かったのかを正確に言えるようでなければいけないので、「○月○日と△月△日に遅刻をした」というような記録をしておきます。

人事考課に影響するようなことですから、曖昧な記憶を理由にしてはいけません。しかし、そのような事態になる前に、日頃の１ｏｎ１で改善できるようにリードするのが一番です。

遅刻をしたり、全員参加の会議を休んだりするというのは、何か問題を抱えているというメンバーからのサインです。

それを見逃さずに、早い段階で「気になること、ある？」と言葉をかけて、勤務態度が悪くなっている理由を探り、解決策を考えていくことです。

メンバー同士の折り合いが悪いとき

こういう場合は、1on1で一人ずつ対話をします。折り合いの悪い相手について、「もしかして、○○さんのこと苦手？」とやんわり訊きます。

「実は苦手なんですよ。聞いてくださいよ」と話がはじまれば、「そうなんだ」とあいづちを打ってとにかく全部聞いて、話し終えたところで「話してくれてありがとう」とお礼を言います。「でも、仲良くしてくれると嬉しいな。もちろん、ムリのない範囲でね」と、こちらの希望もやんわりと伝えます。

とはいえ大人同士ですから、喧嘩にさえならなければいいという感覚で構わないのではないでしょうか。

メンバーが**「リーダーの顔を立てて何とかうまくやろう」と思ってくれるような関係性を普段から築いておくことも大切です。**

すべての人に通じる魔法はあるか？

ここまで、理想のリーダーとしてのコミュニケーションについていろいろとお伝えしてきました。「こうするといい」「こうするとうまくいく」というのはあくまで「こうするとよくなる・うまくいく確率が高くなる」という確率論であって、万人に効果があるコミュニケーションの方法というわけではありません。

そんなものは世の中にないと思います。

実際、私自身がリーダーだった時に、どうしてもコミュニケーションが取れなかったメンバーというのは何人かいました。その人に対してはもちろん、できる限りのことはします。

笑顔で話しかけますし、1on1で課題を引き出したり、モチベーションを上げようと努力もします。けっして放置はしません。

しかし、そこまでやっても伝わらないなら、「そういうこともある。自分はできることは全部やった。

それ以上は気にしない」と自分自身に向かって言うことも必要かもしれません。

うまくいかないことがあっても、一喜一憂しないようにしましょう。

第5章

変化をもたらすリーダーは、自らも変化し続ける

――変化をもたらすセルフマネジメント

変化をもたらすリーダーは常に自問自答を繰り返す

理想的なリーダーであるために、メンバーへの問いかけを常に行い、コミュニケーションを取ることが重要であるというのは、これまでにお話ししてきました。同様に、自分自身に対しても問いを投げかけ続けることが、さらに理想のリーダー像へと近づくための大切な一歩です。

私自身は、仕事についても人生についても、常に自問自答を繰り返しています。

そのために、車を運転している時間、電車に乗っている時間、ジョギングをしている時間、スキーに行ってリフトに乗っている時間……そのような、一人で何を考えても構わない〝空白の時間〟を使っています。

（実は私はスキーが大好きで、一人でもしょっちゅう滑りに行きます。そのため、リフトに乗っている時間がけっこうあります）

「今、自分の中で何が気になっている？」と自分自身に訊いて、気になることを洗い出してみる、というのは日々行っています。

気になることが何なのかがわかったら、

なんで気になっているのかな？

あるべき姿はどんなふうかな？

そのために何をすればいいのかな？

という問いを順に自分に投げかけ、丁寧に答えを出していきます。

もし、何かうまくいっていないことがあるようなら、

なんでこれがうまくいかないんだろう。原因は何かな？

←
原因がいくつかあるなら、その種類を考えてみよう。

←
こういう原因がありそうだな。

←
一番核となる原因はなんだろう？

←
その原因はどう取り除こうかな？

←
そのために今できることは何かな？

と、やはり問いを重ねて答えを出します。

このように、問題解決のステップを常に実行していけば、あなたが思い描くあるべきリーダー像に近づいていけます。

考えても答えが出ないことは、すぐに調べる

自分でいくら丁寧に考えても答えが出ない、自分ではわからないということはもちろんあります。「どうすればいいのかな」と思った時は、どのように答えを導き出せばいいのでしょうか。

一つの方法として、誰もがやっていることですが、まずはすぐにインターネットで検索して調べることです。

自分が気になっている事柄からいくつかの検索ワードを選んで入力し、インターネット上で検索をかけます。そして、知りたいことについて書いてある記事やブログを

読んで、概要をつかみます。

次は、その記事などによって、その事柄の専門家や研究者が誰だかわかれば、その人の著書を読みます。加えて、関連書を探して複数冊読むようにします。

それで、たいていのことは解決します。

検索するときにどんなワードを選ぶか、そこから専門家や研究者までどうたどっていくかは、多少のセンスが必要かもしれません。

しかし、これは数を重ねることで、だんだんコツをつかめるようになります。

すると次第に、「情報収集力」もアップするはずです。

インターネットで調べるだけでなく、そこから複数冊の関連書、専門書を読む癖をつける。

これによって、エビデンスのある情報を自分の中に蓄積できるようになります。

そうすれば、自らの答えも出やすくなるかもしれません。

いつも自分の目標を設定する

仕事にも人生にも自分の目標があれば、人はそこに向かって行動できます。

そこで、いつでも自分の目標を設定しておくことです。

目標を探すのは一見難しそうですが、そのために行う自分への質問は実はシンプルです。

何の制約もないとしたら、3年後、自分はどうなっていたいのか？

です。それを書き出して、言語化・可視化してみるといいと思います。

思いついたことを書き出したところで、

それは本当に自分自身がなりたい自分なのか？

を、また自問自答します。

中には、親の期待に応えるため、家族の希望に沿うための姿が混じってしまうこともあるからです。

それは、本物の目標ではなく、借り物の目標にしかなり得ません。

本物の目標であることを見極めるためには、「自分が心からワクワクするか」を考えてみることです。

本当にワクワクすることであれば、たとえ仕事であってもお金なんていらないという気持ちになるのではないでしょうか。

それは極端な言い方だとしても、それくらい自分が心からやりたいことなのかをチェックする基準にはなります。

会社員だからこそ、身につけられる武器

この話をする前に、少し長くなりますが、私自身の話を聞いていただきたいと思います。

私は高校生の頃から、いつも自分の目標がありました。ただ、その目標というのが常に「自分がワクワクすること」だったかというと、そうではありません。

私が生まれたのは1970年。ちょうどバブル期に就職したのですが、その当時の価値観は、「いい学校を出て、大企業に入り、競争社会を勝ち抜いて出世するのが幸せ」というものでした。私だけではなく、同世代の多くの人がそういう価値観を刷り

込まれ、何の疑問も持っていなかったと思います。正直、私自身もそうでした。

振り返ってみると、私には高校2年生の頃から常に明確な夢がありました。高校2年生当時の夢は、「サラリーマンになること」です。

社会人として晴れてサラリーマンになった時、その夢は「課長になりたい」に変わりました。それが30歳の頃には、「最年少で課長になりたい」とさらに具体的になったのです。

このように私の夢は、あの時代の「大企業で競争社会を勝ち抜いて出世するのが幸せ」という価値観を、色濃く反映していたと今は思います。

そしてある時期までは、他に幸せだと思える選択肢を持っていませんでした。

価値観が変わったことが、会社を辞めるきっかけに

それがガラリと変わったのは、43歳、ちょうど部長に昇進したばかりの頃でした。

とあるベンチャー企業に仕事で関わることになったのがきっかけです。

そのベンチャー企業は数名の社員で事業を行っていたのですが、オフィスはおしゃれクリエイティブな雰囲気でした。

服装は自由でカジュアル。短パンにサンダルでも誰も気にしません。面白そうなことに関わりたい、その企業の仕事を手伝いたいと思っている社外のいろいろな人たちが常にオフィスには集まっていました。

私もそこでその人たちとともに仕事をして、さまざまな価値観に触れることで、これまでの自分の価値観がいかに狭かったのかということに気づきました。

そんなことがきっかけになり、45歳で会社を辞めて、独立起業したのです。

会社員でしか得られない経験値がある

それでは、会社員だった20数年あまりがムダだったかというと、そんなことはありません。会社員としてスキルを培った時期は、私にとっては独立起業する前の〝教習所〟みたいなものだったと今では思っています。

会社員としては、メンバーとして成果を上げることも、管理職としてメンバーを成長させながら事業を拡大することも経験しました。時には自分から進んで炎上しているプロジェクトのリーダーを務め、トラブルシューティングも手がけました。

それらの一つひとつが経験になり、経験から学習できました。

そのように経験値を上げていったおかげで、独立した45歳の時までに十分な武器を持ったビジネスパーソンになっていたと思います。

リーダーは、学びの最大の機会

この本を手に取ってくださっている皆さんは、今、会社員であり、理想のリーダーを目指していることと思います。

将来はこの会社でもっと活躍したい人も、転職してさらなるキャリアアップをしたい人も、中には独立起業したい人もいるかもしれません。

しかし、どんな道へ進むとしても、今、リーダーを経験することは、ビジネスパーソンとして多くの武器を手に入れるまたとないチャンスです。

誰かにお膳立てしてもらうのをじっと待っていても、経験値は上がりません。自分から進んでリーダーを務めたり、プロジェクトを立ち上げるなどの積極的な取り組みをして初めて経験値が上がります。

1回失敗や炎上を経験して初めて、「自分のこういうところがいけなかったんだ」と気づくこともあります。

もちろん、その気づきがあっても、なお傷つくこともあるかもしれません。むしろ傷つくからこそ、気づけるのだと言えるでしょう。

私も、何度も失敗をしました。何の失敗もせずにうまくやろうというのは、無理な話だと思います。

ただ、私は基本的に、「仕事上の失敗は、本当は失敗ではない。それは次のアクションにつながる経験である」という考え方を持っています。

そして、その経験を重ねて自分の経験値を上げられるなら、自分から進んでそうしたいという姿勢で会社員を続けていました。

よく、こんなことを言う人がいます。「仕事上で一度失敗をしてしまったら、評価に大きく響く。あるいは同僚より昇進が大幅に遅れるものではないのですか？」

私の経験から言えば、そんなことはありません。

一度や二度の失敗を気にするくらいなら、よく考えてみてください。失敗もしていないあなたは、今、何の経験があると人に言えるでしょうか。

失敗したとして、一時の評価が得られない場合はあるかもしれません。それでも、会社員としての経歴に傷がつくようなことはほとんどないと考えていいと思います。恐れることはありません。「リーダーの器なんて、失敗した数」くらいの前向きな考え方で、果敢にチャレンジすることをおすすめします。

一方で、もちろん仕事にはいつも真剣に取り組むことが必要です。手を抜いたり、楽をしようと思ったら、それは周りの人にも伝わってしまいます。

本当に真剣に仕事に取り組み、それで失敗をした人に対しては、必ず味方になり、手助けしてくれる人が出てくるものです。

困ったときに周りの人に助けてもらえる人間関係の築き方

リーダーとして仕事を続けていれば、大変なことや心が折れそうになることは、それこそ数多くあると思います。

ありがたいことに、私の周りには、助けてくださる先輩方が、たくさんいました。行き詰まったときや、気持ちの行き場のないときには、遠慮なく頼って、何度も飲みに連れて行ってもらったものです。

いざという時、そんなふうに**助けてくれる人の存在が重要**です。そして、そんな**人間関係は、日頃のコミュニケーションや行動によって培われます。**

「ギブ&テイク」という言葉がありますが、私は**「ギブ・ギブ・ギブ&テイク」くらいのつもりでいてちょうどいい**と思っています。

自分に余裕があるときには、積極的に人をフォローするように心掛けています。

もしかして、あなたは今、「なんだ、そんな当たり前のことか」と思われましたか？

そんな当たり前のことを、実際にはできていない人が多いように私は感じています。

「信頼残高」という言葉をご存じでしょうか。

米国のリーダーシップの研究者であるスティーブン・R・コヴィー氏が、著書『完訳7つの習慣　人格主義の回復』（キングベアー出版）の中で使っている言葉です。

同氏は、**自分と相手との間にある信頼関係や安心感**を銀行口座の残高になぞらえて、「信頼残高」という呼び方をしています。

自分に対する相手の信頼が増す行為はこの口座への「預け入れ」であり、逆に信頼を損なう行為はこの口座からの「引き出し」であるとのこと。

この考え方に則るなら、多少手間がかかることであっても、笑顔で快く困っている人を助ける行為は、信頼残高への預け入れに当たります。

私は日頃からできるだけ、信頼残高を増やそうと心掛けています。

もし、自分は他人を助けようとはしないのに、困った時だけ誰かに助けを求める人に対して、あなたは手を差し延べられますか？

多くの人は、そんなことはできないと思います。それがもし、人助けに一生懸命な人なら、その人が困っている時には「今度は私が助けてあげよう」と考える人が出てくるのではないでしょうか。

人間関係を築くとか、コミュニケーションを取るというのは、目先の損得を追いかけているうちはできません。自分に余裕がある時には、誰かが困っているようなら、快く手助けする。

もし、それで損をしている気持ちになるのであれば、**「中長期の投資」として考えてみましょう。**そのような地道な行動を続けているからこそ、自分が困った時には、周りの誰かが助けてくれるものです。

日頃から人間関係を築き、周囲の人と円滑に仕事をするための下地を整えることに努力を惜しんではいけません。日ごろの積み重ねによって、本当に困った時や心折れそうな時に、助けてもらえる環境ができ上がります。

感情に飲まれそうなときのリーダーマインド

リーダーも人間ですから、感情に飲まれそうになることもあるでしょう。

何度、心からのコミュニケーションを重ねても、相容れないメンバーもいるかも知れません。

しかし、そんなときには、**「今の自分は、リーダーとしての〝役割〟を果たしている。役割に徹しよう」**という基本に立ち戻るのがいいと思います。

リーダーにとっての重要な「役割」とは、メンバー本人も気づいていないような**潜**

在的な能力まで引き出すこと。そして、その能力を加速させる**モチベーションを高めることです。**このモチベーションを高め、成長へ導く要素としては、コミュニケーションが大きな役割を果たします。

その手段として、ここまでにお伝えしてきた言葉を使う場合、その効果は、あなたが日ごろからメンバーとどんな関わりをしているのかによって大きく変わります。

加えて、基本はあるものの、万人に必ず受ける接し方やコミュニケーションもありません。だからこそ、相手をよく見て、自分との関係性も十分考えることで、**どんな言葉をどうかけるかが変わります。**

しかし、どのメンバーに対する場合でも共通してできることは、笑顔と話しかけやすさを意識すること。そして**リーダーとして、それぞれのメンバーの活躍を願うこと**です。

少なくとも私は、メンバーの活躍を願うことも、リーダーの仕事だと考えています。会社員であっても、お金を受け取っている以上、「プロ」。ビジネスパーソンのプロです。感情にのまれそうなときは、自分自身に対して「**プロである以上、役割に徹する**」と言い聞かせてあげましょう。

理想のリーダーになるために、いつも自分にこの質問をする

ここまで本書を読んでいただいて、あなたが「こういうリーダーになりたい」と思うようなヒントはありましたか？　あるいは、「自分の中にはこういうところが足りなかったから、ぜひ自分でも実践してみたい」と気づいたことがありましたか？

リーダー像には「これが正解」はないと思っています。リーダーが10人いれば、10通りのリーダー像が描かれるものではないでしょうか。そのリーダー像とは、それぞれのリーダー本人の個性、その人の職場の環境、その人のチームのメンバー構成も考

慮した上で描かれるものです。

それを前提にした上で、あなたがこの本の中で、リーダーとしての自分自身の軸を見つけられればいいと私は考えています。

ですから、最後に私からの質問です。

あなたは今、どのようなリーダーになりたいと思っていますか？

リーダーとして、何を大切にしていますか？

もし、この質問に答えられたなら、本書を読んでいただいた意味は十分にあると思います。

そしてこれからも時々、この質問を自分自身にしてみてください。もし即答できなかったら、わかるまで考え抜いていただくといいと思います。

さらにもう一つ、私からの質問です。

あなたはビジネスパーソンとして、どのような人生を歩みたいですか？

この質問こそ、あなたがこれから、自分の仕事も人生も、自分自身で設計する第一歩となります。そして、そのために今、何をすればいいかを考えてください。

あなたが進みたいと思う目的地や、その道の途中には、「リーダーになる」ということが含まれているなら、嬉しく思います。

おわりに

一人ひとりの感情に寄り添い
仲間への尊敬を忘れずに

本書では私が会社員時代に多くの失敗を通じて学んだこと、変わってきたことを中心にお伝えさせていただきました。

本書の中でも少し触れましたが、プロジェクトを炎上させ、メンバーに不快な思いをさせてしまったことは今でも鮮明に覚えています。

ただ、この経験があったからこそ、

「リーダーやマネージャーといった役割はなんなのか？」

「どう変わればいいのだろう？」

と深く考え、変わるきっかけになりました。

きっと皆さんもこれから大なり小なり失敗することがあるでしょう。

それも**リーダーとしての成長に欠かせない経験**だと思って、前向きに捉えてもらえるのがいいと思います。

リーダーとして誠実に、仕事に全力で向き合っていれば、**きっとその気持ちや熱量は、メンバーに通じますし、信頼につながります。**

数多くの失敗をしてきた私でも、当時のメンバーとは今でも交流があります。

年賀状の交換だけでなく、節目の時には自宅へ招いたり、招かれたりして当時の話を今では笑い話にできるようになりました。

こういった昔のメンバーと交流を持てていることも、私の人生を豊かにしていますし、あの時、変わろうと頑張って良かったなと感じる瞬間でもあります。

私も今ではリーダーとしての「型」がある程度でき、お客様を支援させていただく上で、プロジェクトを炎上させるようなことは少なくなりました。

しかし、それでも一緒に働く方への配慮が足りなかったかな、と思うことはしばしばあります。

メンバーは一人として同じ人はいないので、これさえやっておけば良いということはなく、**一人ひとりの感情に寄り添い、配慮し、一緒に働く仲間として、尊敬を忘れずにやっていくこと**が、何より大事なのではないかと思います。

私もまだまだリーダーとして成長していきたいと思っていますし、この本を手にとってくださった皆さんが、良いリーダーとして会社の期待に応え、メンバーが活躍できるようなチームを作り上げることを、心より願っています。

園部浩司

園部浩司（そのべ・こうじ）

人材育成・組織風土改革コンサルタント／研修講師／プロファシリテーター
横浜市出身。1991年、NECマネジメントパートナーに入社。経理部に配属され、その後、事業計画部へ異動し36歳でマネージャーに昇格。さまざまな企画を立案し実行するが、チームマネジメントはプレイヤー時代のようにはいかず、成果をなかなか出せずにいたところ、あるプロジェクトにおいてメンバーとの関係が破綻。これをきっかけに、自身の変化の必要性を感じ、試行錯誤を繰り返す。すると、チームの状態が劇的に向上し、プロジェクトでも大きな成果がでるように。その後は、「メンバーの育成」と「成果」の２軸にフォーカスするチームマネジメントを行い、300名在籍の組織変革プロジェクトリーダーをつとめ、1年間で約2億円の営業利益の改善に導く。業務改革推進本部では、最年少部長に抜擢。2016年に独立し、人材育成や組織改革、風土改革のコンサルティングを行う「園部牧場」を設立。ベンチャーから大手企業までのチームプロジェクトを仕切るほか、年間2500人以上のチームリーダーやファシリテーターの育成に携わる。営業活動はSNSなどを一切使わず口コミのみ。数年先まで依頼で埋まっているコンサルタントであり、トップファシリテーター。指導した人数は、延べ2万人を超える。
著書に、『ゼロから学べる！ ファシリテーション超技術』（かんき出版）がある。

変化をもたらすリーダーは何をしているのか？

2024年4月3日　　初版発行

著　者　園部浩司
発行者　太田　宏
発行所　フォレスト出版株式会社
〒162-0824 東京都新宿区揚場町2-18　白宝ビル7F
電話　03-5229-5750（営業）
03-5229-5757（編集）
URL　http://www.forestpub.co.jp

印刷・製本　中央精版印刷株式会社

ISBN978-4-86680-266-4　Printed in Japan